Cornelia Haverkamp (Hrsg.)

Schön ist alles, was man mit Liebe betrachtet

Kleine Erzählungen

D1843909

BRUNNEN
VERLAG GIESSEN · BASEL

Schönheit ist empfundener Rhythmus.
Rhythmus der Wellen, durch die uns
alles Außen vermittelt wird. Oder:
Schön ist eigentlich alles,
was man mit Liebe betrachtet.
Je mehr jemand die Welt liebt,
desto schöner wird er sie finden.
Christian Morgenstern

© 2002 Brunnen Verlag Gießen
Umschlagmotiv © MÁRA! 2001,
„eight flowers for you – one for me"
www. mara-worldwide.com
Umschlaggestaltung: Ralf Simon
Satz: DTP Brunnen
Herstellung: Ebner, Ulm
ISBN 3-7655-3700-4

Inhalt

Antoine de Saint-Exupéry

Der Kleine Prinz

Nachdem der kleine Prinz lange über den Sand, die Felsen und den Schnee gewandert war, geschah es, dass er endlich eine Straße entdeckte. Und die Straßen führen alle zu den Menschen.

„Guten Tag“, sagte er.

Da war ein blühender Rosengarten. „Guten Tag“, sagten die Rosen.

Der kleine Prinz sah sie an. Sie glichen alle seiner Blume.

„Wer seid ihr?“, fragte er sie höchst erstaunt.

„Wir sind Rosen“, sagten die Rosen.

„Ach!“, sagte der kleine Prinz ...

Und er fühlte sich sehr unglücklich. Seine Blume hatte ihm erzählt, dass sie auf der ganzen Welt einzig in ihrer Art sei. Und siehe! Da waren fünftausend davon, alle gleich, in einem einzigen Garten!

Sie wäre sehr böse, wenn sie das sähe, sagte er sich ... sie würde fürchterlich husten und so tun, als stürbe sie, um der Lächerlichkeit zu entgehen. Und ich müsste wohl so tun, als pflegte ich sie, denn sonst ließe sie sich wirklich sterben, um auch mich zu beschämen ...

Dann sagte er sich noch: Ich glaubte, ich sei reich durch eine einzigartige Blume, und ich besitze nur eine gewöhnliche Rose. Sie und meine drei Vulkane, die mir bis ans Knie reichen und von denen einer vielleicht für immer erloschen ist, das macht aus mir keinen sehr großen Prinzen ... Und er warf sich ins Gras und weinte.

In diesem Augenblick erschien der Fuchs:

„Guten Tag“, sagte der Fuchs.

„Guten Tag“, antwortete höflich der kleine Prinz, der sich umdrehte, aber nichts sah.

„Ich bin da“, sagte die Stimme, „unter dem Apfelbaum ...“

„Wer bist du?“, sagte der kleine Prinz. „Du bist sehr hübsch ...“

„Ich bin ein Fuchs“, sagte der Fuchs.

„Komm und spiel mit mir“, schlug ihm der kleine Prinz vor. „Ich bin so traurig ...“

„Ich kann nicht mit dir spielen“, sagte der Fuchs. „Ich bin noch nicht gezähmt!“

„Ah, Verzeihung!“, sagte der kleine Prinz.

Aber nach einiger Überlegung fügte er hinzu:

„Was bedeutet das: ‚zähmen‘?“

„Du bist nicht von hier“, sagte der Fuchs, „was suchst du?“

„Ich suche die Menschen“, sagte der kleine Prinz. „Was bedeutet ‚zähmen‘?“

„Die Menschen“, sagte der Fuchs, „die haben Gewehre und schießen. Das ist sehr lästig. Sie ziehen auch Hühner auf. Das ist ihr einziges Interesse. Du suchst Hühner?“

„Nein“, sagte der kleine Prinz, „ich suche Freunde. Was heißt ‚zähmen‘?

„Das ist eine in Vergessenheit geratene Sache“, sagte der Fuchs. „Es bedeutet: sich ‚vertraut machen‘.“

„Vertraut machen?“

„Gewiss“, sagte der Fuchs. „Du bist für mich noch nichts als ein kleiner Knabe, der hunderttausend kleinen Knaben völlig gleicht. Ich brauche dich nicht, und du brauchst mich ebenso wenig. Ich bin für dich nur ein Fuchs, der hunderttausend Füchsen gleicht. Aber wenn du mich zähmst, werden wir einander brauchen. Du wirst für mich einzig sein in der Welt. Ich werde für dich einzig sein in der Welt ...“

„Ich beginne zu verstehen", sagte der kleine Prinz. „Es gibt eine Blume ... ich glaube, sie hat mich gezähmt ..."

„Das ist möglich", sagte der Fuchs. „Man trifft auf der Erde alle möglichen Dinge ..."

„Oh, das ist nicht auf der Erde", sagte der kleine Prinz.

Der Fuchs schien sehr aufgeregt:

„Auf einem anderen Planeten?"

„Ja."

„Gibt es Jäger auf diesem Planeten?"

„Nein."

„Das ist interessant. Und Hühner?"

„Nein."

„Nichts ist vollkommen!", seufzte der Fuchs.

Aber der Fuchs kam auf seinen Gedanken zurück:

„Mein Leben ist eintönig. Ich jage Hühner, die Menschen jagen mich. Alle Hühner gleichen einander, und alle Menschen gleichen einander. Ich langweile mich also ein wenig. Aber wenn du mich zähmst, wird mein Leben wie durchsonnt sein. Ich werde den Klang deines Schrittes kennen, der sich von allen andern unterscheidet. Die anderen Schritte jagen mich unter die Erde. Der deine wird mich wie Musik aus dem Bau locken. Und dann schau! Du siehst da drüben die Weizenfelder? Ich esse kein Brot. Für mich ist der Weizen zwecklos. Die Weizenfelder erinnern mich an nichts. Und das ist traurig. Aber du hast weizenblondes Haar. Oh, es wird wunderbar sein, wenn du mich einmal gezähmt hast! Das Gold der Weizenfelder wird mich an dich erinnern. Und ich werde das Rauschen des Windes im Getreide lieb gewinnen."

Der Fuchs verstummte und schaute den Prinzen lange an. „Bitte ... zähme mich!", sagte er.

„Ich möchte wohl", antwortete der kleine Prinz, „aber ich habe nicht viel Zeit. Ich muss Freunde finden und viele Dinge kennen lernen."

„Man kennt nur die Dinge, die man zähmt", sagte der Fuchs. „Die Menschen haben keine Zeit mehr, irgendetwas kennen zu lernen. Sie kaufen sich alles fertig in den Geschäften. Aber da es keine Kaufläden für Freunde gibt, haben die Leute keine Freunde mehr. Wenn du einen Freund willst, so zähme mich!"

„Was muss ich da tun?", sagte der kleine Prinz.

„Du musst sehr geduldig sein", antwortete der Fuchs. „Du setzt dich zuerst ein wenig abseits von mir ins Gras. Ich werde dich so verstohlen, so aus dem Augenwinkel anschauen, und du wirst nichts sagen. Die Sprache ist die Quelle der Missverständnisse. Aber jeden Tag wirst du dich ein bisschen näher setzen können ..."

Am nächsten Morgen kam der kleine Prinz zurück.

„Es wäre besser gewesen, du wärst zur selben Stunde wiedergekommen", sagte der Fuchs. „Wenn du zum Beispiel um vier Uhr nachmittags kommst, kann ich um drei Uhr anfangen, glücklich zu sein. Je mehr die Zeit vergeht, umso glücklicher werde ich mich fühlen. Um vier Uhr werde ich mich schon aufregen und beunruhigen; ich werde erfahren, wie teuer das Glück ist. Wenn du aber irgendwann kommst, kann ich nie wissen, wann mein Herz da sein soll ... Es muss feste Bräuche geben."

„Was heißt ‚fester Brauch'?", sagte der kleine Prinz.

„Auch etwas in Vergessenheit Geratenes", sagte der Fuchs. „Es ist das, was einen Tag vom andern unterscheidet, eine Stunde von den anderen Stunden. Es gibt zum Beispiel einen Brauch bei meinen Jägern. Sie tanzen am Donnerstag mit den Mädchen des Dorfes. Daher ist der Donnerstag der wunderbare Tag. Ich gehe bis zum Weinberg spazieren. Wenn die Jäger irgendwann einmal zum Tanze gingen, wären die Tage alle gleich und ich hätte niemals Ferien."

So machte denn der kleine Prinz den Fuchs mit sich vertraut. Und als die Stunde des Abschieds nahe war:

„Ach!", sagte der Fuchs, „ich werde weinen."

„Das ist deine Schuld", sagte der kleine Prinz, „ich wünschte dir nichts Übles, aber du hast gewollt, dass ich dich zähme ..."

„Gewiss", sagte der Fuchs.

„Aber nun wirst du weinen!", sagte der kleine Prinz.

„Bestimmt", sagte der Fuchs.

„So hast du also nichts gewonnen!"

„Ich habe", sagte der Fuchs, „die Farbe des Weizens gewonnen." Dann fügte er hinzu:

„Geh, die Rosen wieder anschauen. Du wirst begreifen, dass die Deine einzig ist in der Welt. Du wirst wiederkommen und mir adieu sagen, und ich werde dir ein Geheimnis schenken."

Der kleine Prinz ging, die Rosen wiederzusehen:

„Ihr gleicht meiner Rose gar nicht, ihr seid noch nichts", sagte er zu ihnen. „Niemand hat sich euch vertraut gemacht, und auch ihr habt euch niemandem vertraut gemacht. Ihr seid, wie mein Fuchs war. Der war nichts als ein Fuchs wie hunderttausend andere. Aber ich habe ihn zu meinem Freund gemacht, und jetzt ist er einzig in der Welt."

Und die Rosen waren sehr beschämt.

„Ihr seid schön, aber ihr seid leer", sagte er noch. „Man kann für euch nicht sterben. Gewiss, ein Irgendwer, der vorübergeht, könnte glauben, meine Rose ähnle euch. Aber in sich selbst ist sie wichtiger als ihr alle, da sie es ist, die ich begossen habe. Da sie es ist, die ich unter den Glassturz gestellt habe. Da sie es ist, die ich mit dem Wandschirm geschützt habe. Da sie es ist, deren Raupen ich getötet habe (außer den zwei oder drei um der Schmetterlinge willen). Da sie es ist, die ich klagen oder sich rühmen gehört habe oder auch manchmal schweigen. Da es meine Rose ist."

Und er kam zum Fuchs zurück:

„Adieu!", sagte er ...

„Adieu", sagte der Fuchs. „Hier mein Geheimnis. Es ist ganz einfach: Man sieht nur mit dem Herzen gut. Das Wesentliche ist für die Augen unsichtbar."

„Das Wesentliche ist für die Augen unsichtbar", wiederholte der kleine Prinz, um es sich zu merken.

„Die Zeit, die du für deine Rose verloren hast, sie macht deine Rose so wichtig."

„Die Zeit, die ich für meine Rose verloren habe ... ", sagte der kleine Prinz, um es sich zu merken.

„Die Menschen haben diese Wahrheit vergessen", sagte der Fuchs. „Aber du darfst sie nicht vergessen. Du bist zeitlebens für das verantwortlich, was du dir vertraut gemacht hast. Du bist für deine Rose verantwortlich ... "

„Ich bin für meine Rose verantwortlich ... ", wiederholte der kleine Prinz, um es sich zu merken.

Wenn der Alltag dir arm erscheint,
klage ihn nicht an.
Klage dich an, dass du nicht stark genug bist,
seine Reichtümer zu rufen.
Rainer Maria Rilke

Jutta Schwarz

Mein Freund, der Baum

Ich hatte die Birke gepflanzt vor vielen Jahren und sie gehütet, wie man ein Kind hütet. Mit all jener Liebe und Sorge ihre ersten Stunden und Tage in meinem Garten bewacht, ihren Atemzügen gelauscht, wenn der Wind an den winzigen Zweigen zerrte, und schließlich einen Stock an den nicht einmal fingerdicken Stamm gebunden, aus Angst, eine plötzliche Böe könnte das Bäumchen packen, herausreißen und es mit sich forttragen, irgendwohin, wo es keiner finden würde. Eine kleine Weile würde es so wohl überleben können, die erste Nacht vielleicht, wenn es kühler war. Doch dann würde sich die Hitze des Tages seiner bemächtigen und es austrocknen, und nichts würde mehr davon übrig bleiben als eine leere, verdorrte Hülle, deren letzte, ersterbende Hilferufe untergehen würden im Lärm der lauten Welt.

So klein war der Baum gewesen, dass ich manchmal, wenn ich in Gedanken versunken durch den Garten wanderte, unvermittelt darauf stieß, wie auf einen Stein oder ein Blatt, das gestern noch nicht dagelegen hatte, oder der Knochen, den mein Hund draußen vergessen hatte.

So winzig, dass kein Vogel ihn für wert erachtete, auch nur einen Blick auf ihn zu verschwenden. Sogar die Bienen übersahen ihn, obwohl ihn, kaum sichtbar noch, schon die ersten schüchternen Knöspchen zierten. Beginn eines langen, kraftvollen Wachsens, das ewig scheint.

Nun, nach zwanzig Jahren, war er es, der mich beschützte. Sein breit ausladendes, über und über mit kleinen Blättern bedecktes Dach wölbte sich über mir, wenn ich unter ihm saß, die heiße Sommersonne fliehend, und seine Zweige strichen behutsam über mich hin und fächelten mir wohltuende Kühlung zu. Und manchmal, wenn ich erschöpft war und mich an seinen Stamm lehnte, den ich kaum mehr mit meinen Armen umfassen konnte, ließ er seine unendliche Stärke in mich hineinfließen, wie einen Energiestrom, der aus einer anderen Welt zu kommen schien, so dass ich mich fühlte, wie nach langen Stunden eines tiefen, erholsamen Schlafes.

Dann und wann vermeinte ich, ein leises Raunen zu hören, und wenn ich mich dann eng an ihn schmiegte, vernahm ich seine Stimme, die mir von den Ur-Geheimnissen um Werden und Vergehen erzählte, von jenen abermillionen Wundern, die den Sterblichen so lange verborgen bleiben, bis sie lernen, mit den Augen der Seele zu sehen – und zu begreifen.

Geboren werden, leben, sterben und wiederkehren, ein immer währender Kreislauf im Wandel der Zeiten.

Dieser Baum würde noch über meinen Garten hinwegblicken, wenn ich längst gegangen war. Vielleicht würde niemand mehr sagen können, wer ihn gepflanzt hatte, außer ihm. Aber vielleicht würde ich eines Tages wieder hierher zurückkommen und ihn umfangen wie einst, und wenn ich dann von meiner weiten Reise erzählte, würde er sich majestätisch im Winde wiegen und flüsternd, nur für mich bestimmt, erzählen, dass er mich begleitet hätte durch Raum und Zeit, so, wie er es all die Jahre getan hatte, in denen er mein Freund geworden war. Dann würde ich wissen, dass man niemals etwas verlor, wenn man es liebte.

Seine weiße Rinde war rissig geworden, und die Seite seines Stammes, die nach Norden zeigte, war von einer dünnen Moosschicht bedeckt.

Mit einem seltsam dunklen Gefühl der Zärtlichkeit, die das Herz tiefer in die Brust zu drücken scheint und aus einem verborgenen Winkel gleichermaßen Freude und Schmerz nach oben schwemmt, so maßlos und schwer, dass einem das Atmen nicht mehr so recht gelingen will und es sonderbar in den Augen brennt, strich ich mit meinen Händen darüber hin. Und er neigte sich genießerisch seufzend zu mir herab, so dass ich die Enden seiner untersten Zweige berühren konnte, an denen sich hier und da die Jahre bemerkbar machten. Sie waren kahl, ohne Leben. Der nächste Windstoß würde sie herabfegen und der Erde zurückgeben, aus der sie vor langer Zeit gesprossen waren.

Nun, da der Sommer gegangen ist und die Zweige meiner Birke kahl in einen stahlblauen, kalten Himmel ragen, da die Dämmerung früher in den Tag einbricht und die Krähen hoch oben im Geäst zu dunklen, leblosen Schatten erstarren, da der erste Frost die Dahlien aus meinem Garten vertrieben hat und die Nächte erfüllt sind vom Geruch des nahenden Winters, gehe ich öfter als sonst zu ihm hinaus, der mir so mächtig und so einsam erscheint, als müsste ich ihn bewahren vor jenem langen tiefen Schlaf, der ihn in den kommenden Monaten umhüllen wird und der dem Tod so ähnlich ist.

Doch dann höre ich wieder sein leises Wispern, das ich so gut kenne. Und wenn ich meinen Blick hebe, kann ich sie erkennen, winzig kleine Knötchen, kaum sichtbar unter der nackten, dunklen Rinde seiner Zweige verborgen, erste Anzeichen neuen Lebens. An irgendeinem milden Tag im Frühling wird es hervorbrechen in ungehemmter Lust, unaufhörlich, unaufhaltsam und uns vielleicht die Erkenntnis bringen, dass sich die Wunder, nach denen wir so oft vergeblich suchen, in der Stille vollziehen.

Matthias Claudius

An einem Maimorgen

Kommt Kinder, wischt die Augen aus,
Es gibt hier was zu sehen;
Und ruft den Vater auch heraus ...
Die Sonne will aufgehen! –

Wie ist sie doch in ihrem Lauf
So unverzagt und munter!
Geht alle Morgen richtig auf
Und alle Abend unter!

Geht immer und scheint weit und breit
In Schweden und in Schwaben,
Dann kalt, dann warm, zu seiner Zeit,
Wie wir es nötig haben.

Von ohngefähr kann das nicht sein,
Das könnt Ihr wohl gedenken;
Der Wagen da geht nicht allein,
Ihr müsst ihn ziehn und lenken.

So hat die Sonne nicht Verstand,
Weiß nicht, was sich gebühret;
Drum muss wer sein, der an der Hand
Als wie ein Lamm sie führet.

Und der hat Gutes nur im Sinn,
Das kann man bald verstehen:
Er schüttet seine Wohltat hin
Und lässet sich nicht sehen;

Und hilft und segnet für und für,
Gibt jedem seine Freude,
Gibt uns den Garten vor der Tür
Und unsrer Kuh die Weide;

Und hält euch Morgenbrot bereit
Und lässt euch Blumen pflücken
Und stehet, wenn und wo ihr seid,
Euch heimlich hinterm Rücken.

Sieht alles, was ihr tut und denkt,
Hält euch in seiner Pflege,
Weiß, was euch freut und was euch kränkt,
Und liebt euch alle Wege.

Liebt die ganze Schöpfung Gottes,
die ganze Welt und jedes Sandkorn auf der Erden!
Jedes Blättchen, jeden Lichtstrahl Gottes habt lieb!
Liebet die Tiere, liebet die Pflanzen, liebet jedes Ding.
Wirst du aber jedes Ding lieben,
dann wirst du auch Gottes Geheimnis
in der Welt ahnen.
Fjodor Michailowitsch Dostojewski

Axel Hambraeus

Der geheimnisvolle Briefschreiber

Als er aufwachte und auf seine Armbanduhr sah, war es erst halb zwei. Draußen regnete es. Er hörte, wie die Tropfen von der mit Blech bekleideten Traufe seiner Mansarde auf die Dachziegel herabfielen. Er hörte das unaufhörliche Tropfen in der Rinne.

Gewöhnlich konnte er wieder einschlafen, wenn er die Tropfen zählte. Glückte es ihm nicht, wenn er auf schwedisch zählte, dann zählte er auf Deutsch. Er hatte es in den Jahren gelernt, als er in einem Konfektionsgeschäft in Hamburg tätig war. Als der Erste Weltkrieg ausbrach, war er nach Schweden zurückgekehrt und Geschäftsreisender geworden. Jetzt war er alt und seit vielen Jahren außer Dienst. Er hatte gehofft, von der Firma, der er vierzig Jahre so treu gedient hatte, eine anständige Pension zu erhalten, aber er hatte sich mit einer Abfindung, einer lächerlich kleinen Summe, begnügen müssen. Doch hatte er dieses kleine Pfund nicht vergraben, sondern sich für das ganze Geld ein Lager von Herrenunterwäsche angeschafft, nicht solche, wie sie die eleganten Herren tragen, sondern dauerhafte, gute Sachen für Arbeiter und Bauern, und dann war er einige Jahre auf eigene Rechnung gereist, im Winter mit dem Zug, im Sommer auf dem Rad, bis er nicht mehr konnte. Er hatte dieses kleine Zimmer mit Kochnische gefunden, das unglaublich billig und auch nicht kalt war.

Håkan hörte auf zu zählen. Er war jetzt so hellwach, dass es keinen Zweck mehr hatte. Stattdessen begann er zu denken. Der frühere Geschäftsreisende langweilte sich nie. Wenn er sich nicht in Schlaf zählen konnte, dann reiste er in Gedanken. Er war ja überall in Schweden und auch ein wenig in Deutschland gereist, war allen möglichen Menschen begegnet, er war zweimal in Amerika gewesen, eingeladen von seinen beiden Jungen, die ausgewandert waren und denen es dort drüben gut ging. Das erste Mal war seine Frau mitgefahren, das zweite Mal war er Witwer gewesen.

Die lieben Jungen schickten ihm bisweilen etwas Geld, und zu Weihnachten bekam er immer ein Paket, bunte Schlipse, mit denen man sich in Schweden nicht zu zeigen wagte. Aber Håkan band sie sonntags um, wenn er zu Hause den Gottesdienst im Radio hörte und sich hinterher einen Sonntagskaffee mit Gebäck gönnte. In die Kirche ging Håkan nur an den hohen Feiertagen, vor allem am Karfreitag, doch besuchte er mitunter den Abendgottesdienst. Da merkte man nicht, dass seine Kleider alt und verschlissen wurden.

Aber heute Nacht konnte er auch nicht „reisen". Håkan begann nachzusinnen. Er hatte während des grauen regnerischen Oktobers an seinem Fenster in der Mansarde gesessen. Man konnte dort nur hinaussehen, wenn man stand. Aber Håkan war darauf verfallen, in der Mansarde eine Art Altane zu bauen. Von einem Werkmeister, der an einem Bau im Nachbarviertel arbeitete, hatte er billig ein paar Bretter bekommen. Er hatte sich Säge und Hobel geliehen, und auf diese Weise hatte er „ein neues Zimmer" bekommen.

Zwei Stufen führten zu der Altane in der breiten Mansarde hinauf. Da waren drei Fenster nebeneinander. Draußen hatte Håkan im Sommer einen grün bemalten Kasten mit Blumen stehen. Im Winter befand sich dort ein Futterhäuschen für Vögel, eifrig besucht, am meisten natürlich von Spatzen, obwohl die ja auch Vögel sind und in der Bibel von dem armen kleinen Sperling geschrieben steht. Håkan hatte auf seiner Altane Platz für einen schmalen Tisch und einen Stuhl, und es war, als sei das Zimmer dadurch größer geworden, ja es war, als habe er jetzt statt eines Zimmers deren zwei.

Das Beste daran war, dass er dort oben sitzen und „den Gang der Welt“ von „meinem Fenster“ betrachten konnte, wie es in Tegnérs Gedicht „Halkan“ heißt. Håkan Westgren liebte Tegnér. In einem Antiquariat hatte er die „Nationalausgabe“ von Tegnés gesammelten Schriften aus dem Jahr 1881 gekauft. Die modernen Dichter schätzte Håkan Westgren nicht. Außer Fröding, dessen schönste Sachen er gern bei Versammlungen hörte. Denn Håkan war Abstinenzler. Das Geld, das mancher Geschäftsreisende für Alkohol und Tabak hinauswarf, hatte er gespart und sich Bücher dafür gekauft.

Drei Treppen hoch in einer Kleinstadt sieht man die Welt ein wenig von oben an. Man sieht auch in die Höfe nebenan, und über die Hausdächer hinweg konnte man in der Ferne die bewaldeten Höhen, die ländlichen Felder und ein Stück vom See sehen. Die Sonne ging immer über dem Südufer der länglichen Insel inmitten des Sees auf.

Eines der Anwesen, auf das Håkan hinabblickte, lag ein Stück von der Straße entfernt in einem alten verwilderten Park. Dieser Besitz nahm ein halbes Viertel der kleinen Stadt ein, es war Ufergrundstück. Der Park musste einmal sehr schön gewesen sein. Das Haus war ein niedriges Gebäude, sicher über hundert Jahre alt, in der grau-gelben Farbe, mit der alte Herrenhöfe damals bemalt waren. Die Fensterläden waren grün, und über der Tür hing eine Laterne. Nach der Straße zu befand sich ein eisernes Gitter und innerhalb desselben eine Weißdornhecke, die immer voll tschilpender Spatzen war. Im Gitter war eine hohe eiserne Tür in schöner Schmiedearbeit angebracht. An der einen Türhälfte hing ein gelber Briefkasten, auf den mit roten Buchstaben der Name „Hilda Gelin“ gemalt war.

Håkan Westgren wusste nicht, wer Hilda Gelin war, und

er hatte nie jemand danach gefragt, aber da er immer nur eine alte, sehr altmodisch gekleidete Dame mit weißem Haar unter einem altmodischen Hut aus dem Haus kommen sah, dachte er, dass diese Dame Hilda Gelin sein musste. Jeden Tag um elf Uhr verließ der Briefträger das Postamt am Markt, um seine Runde durch das Städtchen zu machen. Fünf Minuten nach elf kam er an Hilda Gelins Tür vorbei. Punkt ein Viertel nach elf sah Håkan von seinem Dachstubenfenster aus, wie sich die Tür des graugelben Hauses öffnete und die alte Dame durch die Gartenpforte ging und ihren Briefkasten aufmachte. Ganz deutlich sah er, wie sie den Deckel hochhob, die Hand in den Kasten steckte und wieder herauszog. Aber sie hatte nie einen Brief in der Hand. Darauf ging die kleine Dame über die Straße in ein Zeitungs- und Tabakwarengeschäft und kam mit einer Zeitung heraus, worauf sie wieder nach Hause ging.

Und jetzt lag Håkan da und dachte an diese Dame. Er dachte daran, dass er, ohne dass es ihm recht zum Bewusstsein kam, die Dame wohl schon viele hundertmal, ohne einen Brief herauszuholen, die Hand in den Briefkasten hatte stecken sehen. Aber er hatte sich keine Gedanken darüber gemacht. Jetzt begann er nachzusinnen. Wer war sie und warum bekam sie nie einen Brief? Und warum wurde sie nie müde, jeden Tag in dem leeren Briefkasten nach Post zu suchen? Auf diese Fragen gab es nur eine einzige Antwort: Sie war ein einsamer Mensch. Ein Mensch, an den zu schreiben sich niemand auf der Welt die Mühe machte. Auch Håkan Westgren war ein einsamer Mensch, aber er bekam doch hin und wieder einen Brief, wenn auch nicht oft. In der ersten Zeit hatten die lieben Jungen in Amerika einmal in der Woche nach Hause geschrieben, dann einmal im Vierteljahr, und jetzt war es ein paarmal im Jahr. Hilda Gelin aber bekam nie einen Brief.

Während Håkan so dalag und hierüber nachdachte, geschah ihm, was in alter Zeit den heiligen Propheten geschah: Gott sprach zu ihm. Und Gott sagte: Du sollst an Hilda Gelin schreiben, Håkan Westgren. Aber Håkan wusste nicht, dass es Gott war, der zu ihm sprach.

Es klopfte an und rief: Du sollst schreiben, du sollst schreiben! Und Håkan antwortete: Was soll ich denn schreiben?

Plötzlich hörte Håkan eine Stimme, die antwortete: Du bist doch dabei, deine Lebensgeschichte zu schreiben. Schreibe ins Reine, was du bis jetzt geschrieben hast, und schicke ihr jede Woche ein Kapitel!

Das ist das Verrückteste, was ich je gehört habe, dachte Håkan Westgren. Aber dann wurde es still und ruhig in ihm, und in der nächsten Minute war er eingeschlafen. Er schlief, wie ein kleines Kind mit seinem Spielzeug in der Hand schlafen kann.

Eines Tages, als der Postbote wieder auf seinem Weg durch die kleine Stadt war, saß Håkan Westgren an seinem Dachfenster. Zitternd und ängstlich saß er da, wie ein Verbrecher, der draußen auf der Straße die Polizei sieht.

Er sah, wie der Postbote vor Hilda Gelins Gartentür stehen blieb, einen Brief aus seinem Bündel Briefe nahm und ihn in den gelben Kasten warf. Genau ein Viertel nach elf öffnete sich die Tür des grau-gelben Hauses im Park, und die kleine Dame kam heraus. Sie machte den Deckel des Briefkastens auf, steckte die Hand hinein und holte einen Brief heraus. Sie schien sehr erstaunt zu sein; denn sie starrte eine ganze Weile auf die Aufschrift, als sei der Brief in den falschen Kasten geraten. Sie ging nicht wie sonst über die Straße in das Zeitungsgeschäft, aber bevor sie durch die Haustür ging, blickte sie sich scheu um, als habe sie Angst, es könne jemand gesehen haben, dass sie einen Brief bekommen hatte.

Håkan saß hinter der Gardine an seinem Dachfenster und sah, wie die Dame das Haus betrat und die Tür hinter sich schloss. Zitternd wie ein ertappter Verbrecher blieb er sitzen und fragte sich, was dort drinnen in dem alten Haus geschähe, wo eine alte Dame seinen Brief las.

Er las in Gedanken die Worte mit, die er seiner Sendung beigefügt hatte – er hatte eine sehr schöne, gepflegte Handschrift, der alte Geschäftsreisende, das musste er sogar selbst zugeben. Und er hatte sein Bestes getan, als er das erste Kapitel aus „Meine Lebensgeschichte“ abgeschrieben hatte, wie er sein Opus nannte, dem er den Untertitel „Erinnerungen eines alten Geschäftsreisenden aus seinem vergangenen Leben“ gegeben hatte.

„Unbekannte Freundin!“, hatte er geschrieben. „Ich nehme an, dass Sie wie der Schreiber dieser Zeilen ein sehr einsamer Mensch sind. Und ein seltsames inneres Gefühl treibt mich, Ihnen die kleinen Erinnerungen, die ich von meinen Fahrten in unserem wunderlichen Dasein aufgezeichnet habe, mitzuteilen, sie bedeuten meist ein Fehlen vieler Dinge, von denen wir geträumt oder die wir uns im Leben gewünscht haben. Vielleicht kann die Einsamkeit des einen Menschen dem andern Menschen irgendwie in seiner Einsamkeit helfen.

Hochachtungsvoll

Ein unbekannter – darf ich zu sagen wagen – Freund.“

Håkan Westgren wusste nicht, ob die Dame in dem Haus im Park verheiratet oder unverheiratet war, und hatte Fr. Hilda Gelin geschrieben. Aber er hatte den Brief nicht zur Post gebracht, er war zum Bahnhof gegangen und hatte das Schreiben kurz vor Abgang des Zugs in den Bahnpostwagen eingelegt. Die unbekannte Hilda Gelin brauchte nicht zu wissen, dass es ein Narr in ihrer eigenen Stadt war, der ihr geschrieben hatte.

Genau eine Woche, nachdem Håkan seinen ersten Brief abgeschickt hatte, war er wieder auf dem Weg zum Bahnhof. Ein neues Kapitel ins Reine zu schreiben, nachdem er es umgearbeitet und immer wieder verbessert hatte, nahm seine ganze „freie" Zeit in Anspruch. Er hatte extra feines Briefpapier und feine Umschläge gekauft, das war zwar teuer, aber nötig, wie Håkan Westgren meinte.

Und so wurde diese sonderbare Korrespondenz fortgesetzt. Immer am selben Wochentag, am Freitag, brachte Håkan den neuen Brief zur Post. Und am Tag darauf saß er hinter seiner Gardine auf der Altane in seiner Mansarde und sah, wie die alte Dame den Brief aus dem Briefkasten holte. Das ging so fort bis eine Woche vor Weihnachten. Da hatte Håkan das letzte Kapitel seiner „Memoiren" geschrieben. Nichts Böses ahnend, machte er seinen gewohnten Gang zur gewohnten Stunde, um den Brief zum Zug zu bringen.

Als er jedoch zu der Pforte am Parkhaus kam, wie er das alte Haus nannte, stand dort die alte Dame. Sie hob die Hand, wie um ihn anzuhalten.

„Verzeihen Sie", sagte sie mit altmodisch zierlicher Höflichkeit, „vermutlich ist es ein Irrtum von mir, aber trotzdem nehme ich mir die Freiheit, Sie zu fragen, ob Sie möglicherweise etwas von einem Brief wissen, der heute an mich adressiert ist."

Darauf war der alte Geschäftsreisende nicht vorbereitet. Die Verwirrung, mit der er eine Entschuldigung hervorzustammeln versuchte, war der alten Dame Antwort genug.

„Sie brauchen sich nicht zu entschuldigen", sagte sie. „Aber wollen Sie nicht einen Augenblick mit hereinkommen? Die Straße hier ist nicht der geeignete Ort, unsere Angelegenheiten aufzuklären."

Håkan Westgren folgte der Dame wie etwa ein Verbrecher

einem Detektiv, der ihn aufgespürt hat, auf den Fersen folgt. Flucht war nicht möglich. Er musste in einen Raum eintreten, an dessen Tür sich ein goldumrahmtes Porzellanschild mit der Aufschrift „Comptoir" befand. Es war das Schreibzimmer der Dame. Zierliche Rokokomöbel, mit rosengemusterter gelber Seide bespannte Stühle, ein Schreibtisch mit herabgelassener Klappe, wo Håkan in einem Briefständer seine sämtlichen Briefe an „Fr. Hilda Gelin" entdeckte.

„Sie wissen gar nicht, wie viel Dank ich Ihnen schuldig bin, mein unbekannter Freund", sagte die alte Dame, nachdem sie sich an ihrem Schreibtisch niedergelassen hatte, während sich Håkan Westgren auf die äußerste Kante eines Sessels setzte, den sie ihm hingeschoben hatte.

„Sie haben vermutlich geahnt, dass ich ein sehr einsamer Mensch bin und wollten mir helfen, die Einsamkeit zu verscheuchen. Nun sollen Sie erfahren, wie ich Ihnen auf die Spur gekommen bin. Wie Sie selbst wohl auch, sitze ich oft an meinem Fenster und sehe die Leute auf der Straße vorübergehen. Und da habe ich einen Mann bemerkt, der in den letzten Monaten immer an einem bestimmten Tag in der Woche und immer um dieselbe Zeit zum Bahnhof hier vorübereilte. Eines Tages hatte ich den Einfall, die Poststempel auf Ihren Briefen zu studieren. An einem Tag, einem einzigen, war der Brief in dieser Stadt abgestempelt; und hier haben wir den schwachen Punkt des Geheimnisses. Sonst stimmte der Stempel auf Ihren Briefen mit dem Datum überein, an dem Sie offensichtlich mit großer Eile zum Bahnhof strebten, um den Brief in den Postwagen zu werfen. Wie ist es? Bekennen Sie sich schuldig?"

„Jawohl, Frau... Fräu..."

„Ich bin verheiratet, mein Freund. Mein Mann war in seiner Jugend bis zum Ausbruch des Ersten Weltkriegs Konsul in Hamburg. Das Seltsame ist, dass er alle seine

Kleider in dem Geschäft kaufte, das Sie in Ihren Memoiren erwähnen. Er erzählte mir einmal, dass sich dort ein schwedischer Verkäufer befand."

„Ich glaube, ich kann mich an ihn erinnern", sagte Håkan Westgren, der seine Schüchternheit überwunden hatte und nicht mehr stotterte. „Er war ein sehr schöner, sehr eleganter Mann."

„Ganz recht", erwiderte Frau Gelin. „Sehr schön und sehr elegant. Das war sein Unglück ... und das meine", fügte sie leise hinzu. „Er verließ mich plötzlich und schickte mir ohne Erklärung seinen Trauring zurück. Ich habe seitdem nichts mehr von ihm gehört, ich vernahm gerüchtweise, er sei im Krieg gefallen, und eine deutsche Dame trauere um ihn."

Håkan Westgren saß schweigend da. Sein mitfühlendes Herz ließ ihn völlig vergessen, dass die Dame vor ihm eine Fremde für ihn war.

„Ich bedauere Sie von ganzem Herzen", sagte er schlicht und aufrichtig. „Da sind Sie einsamer als ich. Ich habe immerhin zwei Söhne, wenn auch in Amerika."

„Ich habe es in Ihren Memoiren gelesen", sagte Frau Gelin. „Und jetzt muss ich Ihnen danken für diesen eigenartigen, ich muss sagen, von Gott eingegebenen Gedanken, mir zu schreiben. Das geschieht nicht oft in diesem seltsamen Dasein, das Sie, wie ich finde, sehr geistreich als ein ‚Fernsein' charakterisieren. Ist das Ihr eigener Einfall, oder haben Sie es irgendwo gelesen?"

„Es ist nur so gesagt, was ich empfinde", erwiderte Håkan verlegen. „Ich wusste mich nicht anders auszudrücken."

„Süperb", sagte die alte Dame, „wirklich süperb. Ich hatte meine Freude daran und übrigens an allem, was Sie geschrieben haben, und das mich mitunter zu Tränen rührte. Sie haben ein schweres Leben gehabt und einen schweren, undankbaren Beruf. Sie sind von Ihren Arbeitgebern, denen Sie treu dienten, rücksichtslos ausgenutzt worden, aber trotz aller Schwierigkeiten haben Sie das Beste bewahrt, ein gütiges Herz."

Die Dame schwieg einen Augenblick, dann sagte sie: „Sie haben sich ‚meinen Freund' genannt, und ich will gern Ihr Freund sein, wenn Sie mir weiterhin diese Freude machen wollen. Und jetzt möchte ich Sie fragen, ob Sie mir die Ehre erweisen wollen, Weihnachten bei mir zu feiern. In größter Einfachheit, denn ich lebe sehr einfach und zurückgezogen. Aber Weihnachten kommt eine alte Dienerin und hilft mir; sie wird uns ein gutes Weihnachtsessen bereiten. Und dann zünden wir den Baum an, wir drei Alten. Wollen Sie mit dabei sein?"

„Ich weiß nicht", antwortete Håkan verwirrt. „Das hatte ich nicht erwartet. Ich weiß nicht."

„Dann muss ich es für Sie wissen", sagte Frau Gelin, indem sie aufstand. „Also willkommen am Weihnachtsabend! Sagen wir um fünf Uhr? Passt es Ihnen da?"

„Danke. Es ... passt mir ausgezeichnet", antwortete Håkan Westgren und drückte der Dame die Hand.

„Aber unter einer Bedingung", sagte Frau Gelin und zeigte ein sehr schönes Lächeln.

„Wenn ich sie erfüllen kann", erwiderte der alte Geschäftsreisende.

„Sie sollen mir nur den Brief geben, mit dem Sie auf dem Weg zum Bahnhof waren."

Håkan Westgren übergab ihr den Brief.

„Danke", sagte die alte Dame. „Ich möchte Ihnen noch etwas sagen. Sie schreiben ein sehr gutes Schwedisch und haben eine bezaubernde Handschrift."

Als Håkan auf seinem Weg zu dem Haus mit den vielen Dachfenstern drei Treppen hoch an der Weißdornhecke vorüberkam, glaubte er die Spatzen noch nie so munter zwitschern gehört zu haben.

Lindolfo Weingärtner

Vater Aleksej

Zur Zeit eines der letzten Zaren lebte im Süden des russischen Reichs ein Bildhauer mit dem Namen Aleksej, dessen Werke im ganzen Land bekannt waren. Seine marmornen und bronzenen Monumentalfiguren standen auf vielen öffentlichen Plätzen und in unzähligen vornehmen Häusern. Man sagte, sogar der Zar habe ihm einmal Modell gestanden – und die Marmorbüste dann einem ausländischen Herrscher als Geschenk überreicht.

Als Aleksej den Höhepunkt seines Schaffens erreicht hatte, wurde er eines Tages gebeten, das Innere einer fernen Klosterkirche mit Ikonen auszumalen. Obwohl die Malkunst nicht sein eigentliches Gebiet war, nahm er den Auftrag an. Ein Jahr lang verbrachte der Künstler in dem abgelegenen Kloster. Während dieser Zeit übernahm er keine anderen Arbeiten, um sich ganz seiner Aufgabe widmen zu können.

Als er wieder an seinen alten Wohnort zurückkehrte, war nichts mehr in seinem Leben und Schaffen wie zuvor. Die Standbilder und Büsten, die er von nun an schuf, unterschieden sich gewaltig von den stolzen Figuren, die überall im Land von den Sockeln der Denkmäler herabblickten.

Manche Kritiker sagten, die Figuren des berühmten Aleksej sähen neuerdings aus wie Ikonen. Er gestalte die Menschen gar nicht so, wie sie wirklich seien, sondern wie er sie vor seinem geistigen Auge sehe. Eigentlich produziere er lauter Christusköpfe und Heiligenfiguren.

Da die Werke des Künstlers nun nicht mehr der menschlichen Eitelkeit schmeichelten, gingen seine Aufträge zurück – und binnen weniger Jahre war sein Name nur noch unter Kunstsachverständigen bekannt.

Aleksej hatte in dem Jahr, das er in dem Kloster verbrachte, nicht nur seinen Kunststil geändert; auch sein Menschenbild hatte sich gewandelt, einschließlich des Bildes, das er von sich selbst in sich trug. Er zog sich in eine einfache Klause am Rande eines Dorfes zurück, um sich fortan mehr der Meditation und dem Gebet als der gestaltenden Kunst zu widmen. Da er ehelos geblieben war, fühlte er sich frei, auf diese Art sein Leben neu zu gestalten.

Bald kamen neben den wenigen Kunstbeflissenen, die zu seiner Klause fanden, andere Menschen, die Rat und Hilfe in allerlei Lebens- und Glaubensfragen suchten. Aleksej spürte, dass die Arbeit an Statuen und Büsten nicht zu vergleichen war mit der Sorge um lebende Menschen. Er wusste seit der Wandlung, die ihm selbst widerfahren war, dass die Menschen von dem Weg, den Gott ihnen bestimmt hatte, abgekommen waren. Und doch waren sie alle irgendwie unterwegs zu sich selbst – auch wenn sie dabei oftmals auf Irrwege gerieten.

So ermunterte Aleksej suchende und in innere Not geratene Menschen, ihn zu besuchen. Er richtete eine Kammer für Gäste in seiner Wohnung ein, und diese Kammer blieb selten längere Zeit unbenutzt. Aleksejs Leben und Denken kreiste nun nicht mehr um Ikonen und Statuen, sondern um die Geschöpfe, die Gott nach seinem Bilde gestalten wollte.

Es kamen manche zu ihm, die das Leben aus der Bahn geworfen hatte. Sie wussten, dass Vater Aleksej, wie er bald genannt wurde, Zeit für sie hatte. Bei ihm konnten sie in einer Atmosphäre von Liebe und Wahrheit ihr Leben vor Gott ausbreiten.

Eines Tages kam ein junges Ehepaar zur Klause des Bildhauers. Die beiden wollten einen letzten Versuch unternehmen, ihre zerbrechende Ehe zu retten. Obwohl sie Menschen waren, die den Weg des Glaubens gehen wollten, hatte sich doch Unfrieden in ihr Leben eingeschlichen. Beide hatten sich alle Mühe gegeben, miteinander auszukommen und sich gegenseitig anzunehmen, doch ihre unterschiedliche Natur ließ es nicht zu. Von Tag zu Tag wurde es schlimmer. Auch wenn sie sich schweigend zu ertragen suchten, war es kein Schweigen, das Frieden atmete. Die beiden merkten nun, dass sie am Ende ihrer Möglichkeiten angelangt waren.

Vater Aleksej hörte geduldig zu, während die Eheleute ihm aus ihrem Leben erzählten. Kluge Leute hatten ihnen schon gesagt, sie seien so gegensätzlich geartet, dass sie keine Aussicht hätten, eine glückliche Ehe zu führen. Die Leute schienen Recht zu behalten. Unzählige Versuche, ihre gefährdete Ehe neu werden zu lassen, waren bereits gescheitert. Und je mehr sie an sich selbst und aneinander gearbeitet hatten, desto schwieriger war das gemeinsame Leben geworden. Nun baten sie Vater Aleksej um seine Meinung und um Wegweisung. Vielleicht kannte er – der Ehelose – das Geheimnis, wie ihre Ehe gerettet werden konnte?

Vater Aleksej hörte sich den Bericht des Ehepaares aufmerksam an. Nach einer Weile des Schweigens sagte er ihnen, er müsse über alles nachdenken, aber er lade sie ein, für ein paar Tage seine Gäste zu sein.

So richtete sich das Paar in dem Gästezimmer ein. Sie teilten das einfache Leben des Einsiedlers, aßen an seinem Tisch, teilten auch seine stille Zeit, in der sie miteinander beteten, und halfen ihm bei seinem Tagewerk.

Am dritten Tag nahm Vater Aleksej das Ehepaar mit in seine einfache Werkstatt, wo er hin und wieder zu arbeiten pflegte. Er zeigte ihnen zwei Entwürfe von Büsten mit kaum angedeuteten Gesichtern, die er früh am Morgen aus Ton modelliert hatte.

„Die Büste zur Rechten stellt deinen Mann dar“, sagte er zu der Frau. „Du sollst sie nun so gestalten, wie es dem inneren Bild entspricht, das du von deinem Ehemann hast.“

Dann deutete er auf die zweite Büste und sagte zu dem Mann: „Die Büste zur Linken stellt deine Frau dar. Versuche sie nach dem Bild zu formen, das du von ihr in dir trägst.“

Beide Eheleute konnten ihre Verlegenheit kaum verbergen. Sie verstünden nichts von Bildgestaltung, wandten sie ein, und seien der Aufgabe nicht gewachsen. Doch Vater Aleksej bestand lächelnd auf seiner Bitte. Da begaben sie sich widerstrebend an die Werkbank. Als der Meister den Raum verlassen hatte, begannen sie mit ihren Fingern und den bereitliegenden Spachteln den Ton zu formen, um ihm die gewünschte Gestalt zu geben.

Nach einer Stunde trat Vater Aleksej wieder in den Raum, um das Werk des Ehepaares zu begutachten. Beide empfingen ihn mit Worten der Mutlosigkeit, die sie angesichts des offenbaren Misslingens ihrer Bemühungen befallen hatte.

„Er hat eine böse Karikatur von mir angefertigt“, sagte die Frau unter Tränen. „Seht nur: Es ist genau das Bild, das er von mir hat!“

„Ich habe getan, was ich konnte“, verteidigte sich der Mann. „Aber seht nur den Kopf, den sie geformt hat – er reizt nicht nur zum Zorn, er ist einfach abscheulich! So wie sie mich sieht, bin ich nicht. Darüber sollte man kein Wort verlieren!“

Vater Aleksej betrachtete schweigend die beiden Büsten. Dann holte er zwei große Spiegel herbei und hängte sie an die gegenüberliegende Wand. Er bat nun die Eheleute, ihren Arbeitsplatz zu wechseln. Jeder sollte an seinem Selbstbildnis arbeiten, vom eigenen Spiegelbild geleitet. Und er verließ wieder den Raum.

Als der Meister nach einer weiteren Stunde in die Werkstatt zurückkehrte, traf er das Ehepaar noch verzweifelter an als beim ersten Mal.

„Vater Aleksej“, rief die Frau, „Ihr seht, dass die Bildgestaltung nicht unsere Stärke ist. Ich habe versucht, die Falten zu glätten, mit denen mein Mann mein Gesicht verunziert hat – und hatte auf einmal einen Puppenkopf unter den Händen. Dann versuchte ich, ganz wirklichkeitsgetreu darzustellen, wie ich mich im Spiegel sah – und seht nur, welch ein verschlossenes, böses Gesicht daraus geworden ist!“

„Ja, so ist es“, sagte der Mann. „Und was ich da gestaltet habe, ist nicht einen Deut besser geworden. Ich habe versucht, die übertrieben harten Züge, die meine Frau in mein Gesicht gebracht hatte, zu mildern. Seht, welch eine Maske, welch ein verlogenes Gesicht ich da geschaffen habe!“

Vater Aleksej sah die Eheleute und ihre Kunstwerke lächelnd an.

„Es ist recht so“, sagte er. „Den ersten Teil eurer Aufgabe habt ihr ganz nach meinen Erwartungen erledigt. Ich sage nichts weiter dazu. Nun wollen wir mit dem zweiten Teil beginnen.“

Der Bildhauer bat das Paar, an die Werkbank zurückzukehren. Er nahm die beiden Spiegel von der Wand und wies sie an, erst einmal das Ergebnis ihrer bisherigen Arbeit still zu betrachten. Dann bat er sie, das Bild, das sie voneinander und auch von sich selbst hatten, fahren zu lassen und ihre Herzen für das neue Bild zu öffnen, das Gott ihnen offenbaren wollte. Er erzählte ihnen, was ihm selbst in dem fernen Kloster widerfahren war: wie andere ihm geholfen hatten, sich als Geschöpf Gottes neu zu verstehen – und wie sein gesamtes Leben daraufhin neu geworden war.

Anschließend bat Aleksej das Paar, seine Arbeit an der Büste des Partners wieder aufzunehmen. Er zeigte ihnen, wie sie das Werkstück nur mit den Fingerspitzen berühren sollten, ohne dass sie dem Ton Gewalt antaten.

„Es muss mehr eine Liebkosung sein als eine Anstrengung", fügte er erklärend hinzu. Er ging von einem Ehepartner zum andern und führte sanft ihre tastenden Finger. Hin und wieder berührten auch seine eigenen Hände den Ton.

Mann und Frau tauschten auf Anweisung des Meisters mehrere Male ihren Arbeitsplatz. In der Werkstatt herrschte unterdessen eine erwartungsvolle Stille. Selbstvergessen und staunend sahen die Eheleute, dass unter ihren Händen Kunstwerke entstanden, wie sie es nicht für möglich gehalten hatten. Irgendwann zogen beide ihre Hände ganz zurück und überließen dem Meister die Vollendung.

Staunend blickten sie schließlich auf ihr Werk. War das ihr Werk? Sie erkannten sich selbst darin, obwohl es keine Bilder waren, wie sie der Spiegel zurückwarf. Sie sahen sich gegenseitig und doch in einer Weise, wie sie sich selbst noch nie gesehen hatten, wie nur das Auge des Künstlers sie gekannt hatte.

„Nun habt ihr den zweiten Teil eurer Arbeit vollendet", sagte Vater Aleksej. „Ihr hättet es nicht besser machen können. Nun sind wirklich Kunstwerke daraus geworden."

„Was uns betrifft", sagte der Mann, „bestand unsere Kunst eigentlich nur darin, dass wir so wenig wie möglich das Werk des wahren Künstlers behindert haben."

„Richtig. Denn so, wie sie jetzt sind, wurden die Gesichter erst, als wir unsere Hände ganz zurückzogen und den Meister allein arbeiten ließen", fügte die Frau hinzu.

„Das war euer Anteil an der künstlerischen Arbeit“, sagte Vater Aleksej. „Jetzt lasst uns erst einmal ausruhen. Später am Tag wollen wir dann den letzten Teil unserer Aufgabe angehen.“

Am späten Nachmittag geleitete Vater Aleksej das Ehepaar noch einmal in die Werkstatt. Er bat sie, auf zwei einander zugewandten Stühlen Platz zu nehmen und im Geiste die Gestaltungsarbeit, die sie vormittags an den Büsten vollbracht hatten, an sich selbst zu vollziehen. Lächelnd meinte er, die ersten beiden Sitzungen könnten sie sich ersparen, da sie ja in den letzten Jahren nichts anderes versucht hätten, als sich mit ungeübten Händen gegenseitig zu formen. Daher sollten sie gleich zur zweiten Stufe übergehen.

„Gewinnt ein neues Bild voneinander, so wie es der Künstler von euch hat, der euch geschaffen hat. Und dann gestaltet einander, indem ihr euch ganz zart mit den Fingerspitzen berührt und eure Hände von dem unsichtbar gegenwärtigen Bildhauer führen lasst. Schweigt und redet miteinander, so wie euch der Meister anweist. Ihr werdet keinen Spiegel mehr brauchen. – Ich werde draußen auf meiner Bank sitzen und in Freundschaft und Liebe an euch denken ... und mit dem reden, der allein die Fähigkeit hat, Menschen nach seinem Ebenbild zu gestalten.“

Als Vater Aleksej in der Abenddämmerung wieder in den Raum trat, hatte das Paar allem Anschein nach seine Arbeit beendet. Sie saßen sich nicht mehr gegenüber, sondern nebeneinander, hielten sich umarmt, und einer streichelte das Gesicht des anderen. Sie hatten gar nicht bemerkt, wie Vater Aleksej eingetreten war. Ihre Gesichter strahlten eine innere Schönheit aus, die sie selbst an sich bisher noch nicht entdeckt hatten.

Vater Aleksej blickte voller Freude auf das Paar. Dann trat er zu ihnen, legte ihnen die Hände auf und segnete sie.

Als sich die Eheleute am nächsten Morgen verabschiedeten, sagte Vater Aleksej: „Denkt daran: Die Arbeit an den beiden Bildwerken ist noch nicht vollendet. Sie muss weitergehen, solange euer Leben währt. Fallt nicht wieder zurück auf die erste Stufe. Lasst auch eure Spiegel beiseite, sie zeigen euch nicht euer wahres Bild. Euer wahres Bild kennt nur der Künstler selbst. Und vergesst nicht – die Berührung muss zart sein, damit sie als Zärtlichkeit empfunden wird. Und ihr müsst auch spüren, wann ihr eure Hände ganz müßig lassen müsst."

Vater Aleksej sah mit Wohlgefallen, wie sich das Paar, Hand in Hand, von seiner Klause entfernte. Er hatte beim Abschied bemerkt, dass in ihren Augen noch der gleiche Glanz lag, der am Vortag darin erwacht war. Und er hatte gesehen, dass es kein unstetes Flackern war, sondern ein stetiges Leuchten, das von ihnen ausging.

Julie Schlosser

Kervins Schwalben

Diese Legende ist manchmal erzählt worden. Ich gebe sie so wieder, wie ein Nachkomme des Geschlechtes von Sankt Kervin sie mir erzählte, der sie an einem fernen Sommertag in der alten Bibliothek seines bretonischen Schlosses gelesen hat, als er noch ein Knabe war. Und ich setze sein Lieblingswort darüber: „Wer aus der Wahrheit ist, der höret meine Stimme."

Wo der Erdteil im Meer endete, stand die Klause des Eremiten Kervin. Das Himmelsgewölbe spannte sich darüber so weit, das Licht war so groß, gewaltig wuchs das Felsgestein aus der Flut. In dieser feierlichen Landschaft hatte Kervin seine Behausung errichtet, damit seine Gedanken auch nur das Größte suchen sollten, das Allergrößte, für das auch dies alles nur ein geringes Abbild war. Hier erlebte er mit, was die Erde erlebte: Sommer und Winter, Tag und Nacht, Wolken und Sonne – nichts von den Erlebnissen der Menschen mehr.

Auch die Stimmen, die er hörte, waren nur noch die der Natur: der Wind, die Rufe der Seevögel und vor allem die vielen Stimmen des Meeres.

Als er hergekommen war, hatte er noch abends und morgens seine kleine Glocke geläutet, wie um sich selbst zur Andacht zu rufen, aber das hatte er lange schon aufgegeben. Die dünne Stimme eines Menschenwerkes klang ihm hier unbescheiden und sinnlos.

Fast alles, was ihn umgab, war keinem wesentlichen Wandel unterworfen. Der Fels war uralt, der Mond führte Ebbe und Flut herauf wie in der tiefsten Zeitenferne. Wandel und Vergänglichkeit sah er nur an den Ginsterbüschen in der Heide und an den Vögeln und Kaninchen, die hier lebten. Aber die beachtete er nicht. Selten nur zog ein Schiff durch den leeren Horizont; kaum eins der schwachen Fahrzeuge jener Zeit wagte sich weiter auf den Ozean hinaus als von einem Hafen zum anderen.

Das Wenige, was Kervin zum Leben brauchte, holte er an einem bestimmten Platz landeinwärts, wohin es die Leute der nächsten menschlichen Siedlung brachten; manchmal traf er sie selbst, oft fand er nur ihre Gaben dort. Seine eigene Stimme hörte er nur noch im Gebet. Er hatte sich so die tiefste und ernsteste Einsamkeit erwählt, die es auf Erden gab. Nie hörte er Lärm, nur Klänge – nie sah er Unruhe, nur Bewegung, die Bewegtheit der Wolken in der Höhe und die des Wassers, über das sie wanderten. Wenn er nachts vor seiner Klause saß und die Sterne sah, die über dem Land herauf und langsam ins Meer hinunterzogen, war nicht einmal mehr die Erde für ihn sichtbar, nur noch das Weltall. So gedachte er, Gott nahe zu kommen.

Die Jahre zählte er nicht. Was kam darauf an? Er war so vertraut mit den Ereignissen am Firmament, dass er die Zeit gut hätte messen können. Aber er wollte ja die Zeit und die Vergänglichkeit vergessen und die Ewigkeit fassen. Er glaubte schon auf der Grenzscheide zwischen Zeit und Ewigkeit zu stehen, und um Gott näher zu sein, strebte er immer weiter von allem Zeitlichen fort, von allem Sichtbaren zum Unsichtbaren.

Einmal kam der Sommer wieder, mit den klaren Dämmerungen, den langen, lichten Juniabenden. Wunderbar wuchs das Licht; Ginster blühte überall auf dem steinigen Land, die zarte Schönheit der blauen Glockenblumen und blühenden Gräser war auf einmal ringsum, und heimgekehrte Vögel. Der Sommer brachte in dem kargen Land nicht viel, nur eine kurze Botschaft, die ein ferner Reichtum schickte, den das Land niemals erblicken würde. Wilde Hasen huschten durch die Büsche, Scharen von Fischen zogen am Gestade einher, nachts leuchtete das Meer.

Kervin betrachtete das sommerliche Geschehen nicht, es sollte seinen Geist nicht abziehen von den großen Dingen, in die er sich versenken wollte; denn der Geist allein sollte mächtig werden, bis er die Leiblichkeit sprengte und überflog.

An einem dieser Sommertage war der Klausner landeinwärts gegangen. Er setzte sich im blühenden Ginster nieder; um ihn leuchtete das Land wie pures Gold. Aus den Büschen ragte ein Stein auf – Trümmer einer uralten Gottesdienststätte, von der kein Mensch mehr etwas wusste.

Kervin legte die Hände zum Gebet zusammen und stützte sie auf den Stein vor ihm. Stundenlang saß er so bewegungslos, ins Gebet versunken, entrückt. Sein Gebet war glühend an diesem Tag; es war nicht mehr stille Anbetung, er hatte eine große, ja leidenschaftliche Bitte.

„Lass mich dich tiefer erkennen“, betete er. „Du hast so viele Angesichte. Bleibe mir nicht fern, sondern neige dich mir! Gib mir ein Zeichen, ewige Kraft, dass du mir gnädig bist. Meine Seele vergeht, wenn sie dich nicht fassen kann.“

Lange dauerte es, bis die Welt wieder um ihn her aufstieg und er in die Welt zurückkam. Sein erwachender Blick fiel auf seine Hände; da sah er, dass sie nicht mehr leer waren. Eine kleine Wohnstatt war darin erbaut; in seine Hand geschmiegt, lag ein kleines gemauertes Nest mit fünf grauen Eiern.

Er sah völlig gleichgültig darauf nieder, weil er zunächst nicht begriff, was er sah. Dann stieg eine große Befremdung in ihm auf, wuchs und wuchs. Er war ratlos. Er verstand nicht, wie das geschehen war, noch was es bedeutete. Er wollte die Hand öffnen und das Nest fortwerfen – und konnte es nicht. Er hielt es, als müsse er auf eine Erklärung warten, und nun verstand er dabei sich selbst auch nicht mehr. Er saß in banger Verwunderung und sah auf das Nest in seiner Hand.

Da kam etwas Blaues durch die Luft geschossen, ein blauer Blitz nur, ja fast nur eine Bewegung, und Kervins Finger fühlte den Griff kühler kleiner Füße und eine leichte Last: ein Vogel hatte sich darauf niedergelassen. Sein Gefieder schimmerte dunkelblau und weiß. Er neigte den Kopf zur Seite und sah aus klaren Augen auf den großen Mann. Seine langen, schlanken Flügel hatte er still geschlossen.

Behutsam stieg der Vogel in die Höhlung der Hand hinein und setzte sich auf die Eier – erhob sich noch einmal, rückte sie ein wenig hin und her und setzte sich wieder, und eine leise Wärme zog aus seinem Körper in die Hände, die das Nest umschlossen.

Kervin schämte sich vor Gott, dass nach seinem tiefen Gebet nun seine Aufmerksamkeit von solchen Nichtigkeiten beansprucht ward und dass er den Entschluss nicht fand, sich gleich davon zu befreien. Er staunte, woher die Schwalben gekommen waren; Schwalben nisten doch nicht mitten im Gebüsch und gewiss nicht in einer Menschenhand! Er sah sich um, wohin er das Nest ablegen könnte – als ein zweiter Vogel heranflog und auf seiner Hand landete, um mit schneller Bewegung den brütenden zu füttern. Da ging zwischen den beiden ein helles Zwitschern hin und her, spitze dunkle Flügel entfalteten sich, und schon war der zweite Vogel wieder davongestürmt.

Er kam bald zurück. Und dies Kommen und Entweichen setzte sich lange fort im sonnigen Tag. Es fesselte den Einsamen; seit langer Zeit zum ersten Mal lauschte er auf einen anderen Klang als den von Meer und Wind und sah einer anderen Bewegung zu als der von Wolken und Wellen.

Welcher Flug, den die Schwalben vollführten, welches herrliche Auf und Nieder in der blauen Luft, wie schön die Linien, die es beschrieb! Kervin freute sich. Er belächelte seine eigene Albernheit; aber er konnte nicht leugnen, dass er sich freute, als er den einen Vogel so fliegen sah und den anderen so still in seiner Hand ruhen.

Noch einmal überlegte er, was er mit dem Nestchen machen sollte. Er versuchte schon, es auf den Stein zu legen; aber da spürte er, dass es zu fest an seinen Fingern haftete und ohne Zweifel zerbrochen wäre, wenn er es davon löste. Die brütende Schwalbe sah ihn unruhig und angstvoll an, als er die Hände rührte, und die andere, die gerade, auf dem Wind gleitend, wieder herankam, stutzte und flog davon. Da fühlte Kervin deutlich, dass er das Nest nicht aus seiner Hand lösen und die Eier nicht der Zerstörung preisgeben werde – und auch sich selber nicht der Anwesenheit der kleinen vertrauenden Gäste berauben.

Er begriff sich selbst nicht mehr. Jahrelang war er allein gewesen, nur sein eigenes Schicksal in den Händen; heute war er das Schicksal für anderes Leben geworden.

Ach, Leben kleiner Schwalben, wie es Tausende, Millionen auf Erden gab – flüchtiges, dumpfes Leben –, war das so vieler Gedanken wert? Was war es denn, gemessen an den großen Dingen der Ewigkeit? Aber es war doch da – und hing von ihm ab.

Kervin begann zu ahnen, dass er hier etwas erfahren sollte, was er noch nicht verstand. Und weil er wahrhaftig und gehorsam war, bemühte er sich darum.

Er war nun gezwungen, vieles zu lassen, was er sonst zu tun pflegte. Er hatte auch nicht wenige Dinge neu zu beachten, seit er für dieses Nest verantwortlich war. Unmerklich lernte er, seine Augen umzugewöhnen, die ja nur das Große und wenig Wandelbare zu sehen pflegten. Er lernte es schnell. Wenn er vor seiner Klause saß, das Nest in den Händen, bemerkte er bald schon vieles, was bisher für ihn nicht da gewesen war: die wilden Hasen, die ganz ohne Angst um den stillen Eremiten huschten – wie leicht sie sich bewegten und wie aufmerksam ihre Gesichter waren mit den immer lauschenden Ohren! –, die Insekten, die den goldenen Ginster umschwebten, alle die Vögel klein und groß, die Luft und Küste bevölkerten, die schönen Gräser, die in der Heide blühten, die Fische, die man im klaren Meerwasser spielen sehen konnte, und die farbigen Quallen, die darin schwebten, den braunroten Tang, der darin auf und ab flutete. Wie war die Einsamkeit so belebt und erfüllt von Geschehen!

Aber das Geschehen im Schutz seiner eigenen Hand fesselte ihn am meisten. Als die brütende Schwalbe das erste Mal das Nest verließ, um zu trinken, sah Kervin voller Staunen auf die Eier, die da vor ihm lagen: ihre zierliche Form und zarte Farbe. Aber was ihm diese kleinen Eier so wunderbar machte, war gerade das, was sie erst verhießen, dass sie, voller Geheimnis, so viele Erwartungen weckten.

Eines Tages zerbrachen die Eier und gaben das Leben frei. Was bisher in seiner Hand gelegen hatte, war fort, die letzten Schalenreste warf die Vogelmutter aus dem Nest, und etwas völlig anderes sah er an seiner Stelle. Niemals hatte der Anblick des Firmamentes ihn tiefer erschüttert, als diese Wandlung es tat.

Kervin ertappte sich dabei, dass er etwas wie Dankbarkeit für die kleinen Wesen empfand, die in seiner Hand heranwuchsen, glückselige Dankbarkeit, dass sie ihn in ihren Dienst gestellt hatten. Keiner seiner Tage glich mehr dem anderen, denn an jedem veränderte sich die kleine Brut, war anders anzusehen, bewegte sich anders. Die Schwalben flogen rastlos den langen Tag hindurch hin und her, er sah ihren herrlichen Flügen zu; sie glitten und stiegen, ihre unermüdlichen Schwingen schlugen blau-blitzend durch die Luft und ließen sich gleich darauf still vom Wind tragen. Es gab keine Unsicherheit und keine Erschlaffung – es gab Luft und Schwingen in herrlichem Einklang, in vollkommener Harmonie.

Einmal überraschte ein Unwetter die Eltern auf ihrem Flug. Kervin trug die Kleinen unter das Dach seiner Einsiedelei und ließ die Tür offen, damit die Schwalben den Weg zu ihm finden konnten. Er stand so dicht am Eingang, wie er durfte, ohne das Nest zu gefährden, und sah sorgenvoll hinaus wie jemand, der ein Liebes in Gefahr weiß und sich nach seinem Anblick sehnt. Ja, Kervin sorgte sich um zwei kleine Vögel, wie es deren Millionen gab!

Aber sie kamen zurück, wohlbehalten, laut zwitschernd. Kervin kannte keinen Abend mehr, an dem nicht dieser frohe Laut den Tag beschlossen hätte. Und was er gefürchtet hatte, trat niemals ein: das bewegliche Leben um ihn her störte ihn nicht in seiner Andacht, es trennte ihn nicht vom Gebet.

Nach dem großen Unwetter, dem seine Schwalben unversehrt entkommen waren, fand er in der Nähe eine fremde Vogelmutter tot auf ihrem Nest sitzend, die Flügel ausgebreitet, das Köpfchen tief gesenkt. So hatte sie ihre Kleinen vor dem Platzregen zu schützen gesucht. Nun waren sie alle tot.

Kervin wartete wie auf eine große Freude auf das Flüggewerden der jungen Schwalben. Aber als sie ihren ersten Ausflug wirklich wagten – ängstlich auf seiner Hand sitzend, unentschlossen, mit unruhig bewegten Flügeln, mit erregten Stimmchen rufend, bis es den Eltern endlich gelang, sie zu dem großen Wagnis zu verlocken –, da wurde er traurig. Nun waren sie fort, und er blieb allein. Behutsam hielt er das Nest noch in der Hand, vielleicht kehrten sie zur Nacht noch einmal zurück?

Und sie kamen angeflogen; müde kleine Flügel trugen sie heim. Aber das Nest blieb verlassen. Sie setzten sich auf Kervins Schultern und Arme – rückten sich noch ein wenig zurecht, putzten die Flügel noch einmal – und schliefen ein.

Auch die Eltern waren noch einmal mitgekommen, und so hielt er sie alle ein letztes Mal in seiner Hut.

Da Kervin nun doch dazu gekommen war, die Wandlung zu beobachten, die aus den Eiern in seiner Hand junge Wesen gemacht hatte, die in kurzem weit, weit über Land und Meer ziehen würden, allein auf die Kraft und Sicherheit ihrer Flügel angewiesen, so nahm er bald auch die Wandlung an anderen Stätten wahr. Er sah die grünen

Fruchthülsen an den Ginsterzweigen, die sie nun statt der Blüten trugen. Er lernte, überall Wandlung statt Vergänglichkeit zu sehen.

Längst hatte er das Nest aus der Hand gelegt. Seine Vögel kehrten nur noch ab und zu unter seinem Dach ein. Viele Schwalben kreuzten jetzt über dieser einsamen Küste, und eines Tages erhoben sie sich und flogen auf ihre große Reise. Kervin sah den Zug sich aufschwingen, in der Sonne dahinziehen, verschwinden. Er aber stand und betete für sie.

Während er das tat, kam die Erkenntnis über ihn und tröstete ihn in der Traurigkeit des Abschieds: dass das Nest in seiner Hand eine Antwort gewesen war. Gottes Hand hatte über ihn hinweggegriffen und die Linien seiner Wirklichkeit ganz und gar verschoben. Er hatte in seine Hand genommen, was Kervin nicht einmal gesehen hatte – und hatte es ihm in die Hände gelegt.

Immer, wenn nun die Zeit des Vogelzuges kam, betete Kervin für die Vögel auf ihrer großen Reise. Es war zu einer solchen Zeit auch, dass er starb. Ein Ordensbruder war – zum ersten Mal, dass das geschah – bei ihm in der Einsiedelei zu Gast und pflegte ihn. Und er hat seine letzten Worte überliefert:

„Dein ist alles Leben, das zeitliche wie das ewige,
Dein ist das Vergängliche wie das Unvergängliche,
Das Wandelbare wie das Beharrende.
Dein ist der Leib wie der Geist.
Dein ist das Maß der Dinge und ihr Wert.
Dein ist diese Welt *und* jene Welt."

Rudolf Otto Wiemer

An der Tankstelle

Es ist noch nicht lange her, da fuhr ich, ehe ich meine Reise antrat, zur Tankstelle. Alle Zapfstellen waren besetzt, und obwohl die Tankwarte sich Mühe gaben, hatte sich bis auf die Straße hinaus eine Autoschlange gebildet. Ich reihte mich ein, ich warf einen Blick auf die sechs oder sieben Wagen vor mir, dann auf die Uhr und machte mich auf eine längere Wartezeit gefasst. Dabei war es sowieso später geworden, das Packen hatte mich aufgehalten, ich wollte längst unterwegs sein, längst über alle Berge – und nun dieser verdammte, lächerliche Aufenthalt! Zu einer anderen Tankstelle zu fahren, hätte mich noch mehr Zeit gekostet. Außerdem, die Ferien hatten begonnen, und wahrscheinlich gab es überall die gleiche Warterei.

Verdrossen blickte ich nach vorn. Wenn sich die Leute wenigstens beeilt hätten! Benzin einfüllen geht ja rasch, aber da musste der Ölstand geprüft werden, der Reifendruck, das Wasser in der Scheibenwischanlage! Und natürlich hatten sie alle noch ein besonderes Anliegen. Der eine fragte nach einem Insektenmittel, der andere nach der Straßenkarte, der Dritte ließ sich den Anschluss zur Autobahn erklären.

Während ich so vor mich hinschimpfte, fiel mein Blick auf den Wagen, der neben mir stand und der, ebenso wie ich, schrittweise, das heißt: unerträglich langsam, der Zapfstelle entgegenrollte. Am Steuer saß ein Mann, der, wie mir schien, viel Zeit hatte. Er lehnte am Fenster, und sooft die Motoren leiser brummten, hörte ich, dass er sang.

Das Gesicht dieses Mannes wäre jedem anderen ebenso aufgefallen wie mir; ich musste an mich halten, als der

Mann den Kopf drehte und herübersah. Die Haut auf Stirn und Wangen war mit Brandnarben bedeckt, die Nase flach, wie eingedrückt. Dabei winkte der Mann mir zu und zeigte über sich in die Luft. Er hatte dort einen Raubvogel entdeckt, der über uns kreiste. Es ist wahr, der Vogel sah großartig aus, wie er, kaum die Schwingen rührend, seine Kreise zog. Manchmal, wenn er gegen die Sonne stand, sah man das hellere Brustgefieder.

Der Mann am Steuer nickte mir zu, als habe er den Vogel extra für mich fliegen lassen.

Dann wieder schienen ihn die Bäume, die hinter der Tankstelle aufragten, zu interessieren. Schöne Bäume, gewiss, mit leicht flirrenden Blättern – aber was sollte das jetzt? Oder die beiden Kinder, die einen Handwagen mit buntem Spielzeug auf der Straße entlangschoben? Oder die Spatzen, die über uns in der Dachrinne lärmten? Neckische Vögel, das schon, besonders als sie anfingen, sich um ein Stück Apfel zu zanken – der narbige Mann neben mir lachte. Er zog das verunstaltete Gesicht zu einer noch hässlicheren Grimasse zusammen. Ganz ungeniert tat er das, als wüsste er nicht, dass sein Lachen kaum zu ertragen war, als hätte er noch nie, während er lachte, in einen Spiegel geschaut. Dann sang er wieder. Dann rollte er, wie ich, zentimeterweise nach vorn. Dann waren wir beide fast gleichzeitig an der Reihe.

Der Tankwart fragte: „Was darf's sein?"

Der Mann antwortete: „Zwanzig Liter Geduld, bitte. Und lassen Sie Zorn ab. Und wischen Sie die Hetze vom Blech."

Ich hörte genau, dass er dieses und nichts anderes sagte. Der Tankwart stutzte, blickte in das Gesicht des Mannes, der verschmitzt lächelte, dann lächelte der Tankwart auch, seine Bewegungen wurden langsamer, er nickte, öffnete den Verschluss, setzte den Zapfhahn ein und begann, während er die Skala beobachtete, leise zu pfeifen.

Der Mann übrigens, nachdem er bezahlt und sich wieder ans Steuer gesetzt hatte, nickte mir noch einmal zu. Er wusste, dass ich seine Worte gehört hatte. Ich wollte ihn fragen, wie er zu solch ernsthaften Späßen käme, unterließ es aber, als ich sein zernarbtes und trotzdem lächelndes Gesicht sah.

Seitdem blicke ich mich jedes Mal um, wenn ich in einer Autoschlange stecke oder wenn ich sonst zu warten gezwungen bin und gerade anfangen will zu lamentieren. Es ist mir dann, als wäre er dicht neben mir, der Mann mit den Narben. Er begegnet mir jetzt öfter.

Die meisten Menschen wissen nicht,
wie schön die Welt ist
und wie viel Pracht in den kleinsten Dingen,
in irgendeiner Blume, einem Stein
oder einem Birkenblatt sich offenbart.
Rainer Maria Rilke

Ursula Koch

Sonntägliche Rede an ein Kaninchen

Liebes Kaninchen! Wir haben eigentlich nichts miteinander zu tun. Du gehörst unsern Nachbarn. Aber mein Küchenfenster und deine Wohnung liegen einander gegenüber. Nicht einmal ein Zaun ist dazwischen, nur das Gitter, das deine Welt begrenzt. Und so siehst du mich in einem Feld von Horizontalen und Vertikalen, wenn ich in meiner Küche hantiere. Das ist dein ganzes Programm, denn deine Leute kümmern sich nicht viel um dich. Sie kommen wohl täglich, schließen das Vorhängeschloss auf und geben dir zu fressen. Manchmal kommt eines von den Kindern und steckt dir einen zusätzlichen Leckerbissen hinein. Aber dann sind sie alle wieder fort, und es bleibt dir nichts als mein Fenster.

Morgens, wenn ich die Jalousie hochziehe, machst du Männchen vor Aufregung. Aber dann fährst du mit deiner Arbeit fort. Du hast viel zu tun. Du putzt dich. Deine kleine, geschwinde Zunge sucht zwischen den Härchen des samtigen Fells nach weiß-ich-was für Verunreinigungen. Du putzt dich morgens nach dem Schlafen und am Nachmittag, obwohl du da kaum schmutziger sein kannst als vordem. Nur wenn du frisst, dann putzt du dich gerade nicht. Dann wandern auch deine dunklen Augen aufmerksam umher, während sich ganz rhythmisch und ohne Hast Kinnladen über Kinnladen schiebt. Unter der glänzenden Nase verschwindet der Grashalm. Es scheint dir zu schmecken: Ich habe dich noch nie unzufrieden gesehen.

Wenn ein Mensch so schöne Augen hätte wie du – man würde sie mandelförmig nennen oder sonst wie poetisch umschreiben. Aber fast noch schöner finde ich deine schlanken Ohren. Aufmerksam sind sie der Welt zugewandt. Was hörst du, Kaninchen? Sonntag ist heute. Glocken läuten.

Liebes Kaninchen, weißt du, was für böse Gedanken ich schon in meinem plumpen Kopf bewegte? Ich wollte bei Nacht deinen Käfig aufmachen und dich behutsam heraussetzen – mitten hinein ins grüne Gras, das gerade jetzt besonders frisch und hoch auf den Wiesen steht. Ich würde dir zeigen, wo man am besten ein Loch buddelt, wo schon andere Höhlen sind, und warnen würde ich dich vor der Nase des Hundes, aber noch mehr vor dem Schritt der Menschen. Natürlich haben die Nachbarn (gute Leute übrigens, so wie ich und du) ein Schloss vor dem Käfig. Und mir fehlt der Schlüssel.

Aber das ist es nicht allein. Kaninchen, ich dürfte es nicht. Es wäre ein Eigentumsdelikt. Weißt du, was das ist –? Gleich sag ich es dir. Lass mich nur die Kartoffeln aufsetzen.

Du, Kaninchen, gehörst jemandem. Darum. Sie haben dich nicht gekauft und gefüttert, um dir zuzuschauen, wie du dein Fell zum Glänzen bringst (obwohl das doch ein bemerkenswertes Schauspiel ist). Sie wollen dich essen. Kann man ihnen das verübeln? Auch wenn du jetzt beunruhigt von einer Ecke des Käfigs in den anderen hoppelst (immerhin 100 cm ist er lang): Wir können ihnen das Recht nicht absprechen. Und das Schwein, dessen Kotelett wir heute essen, war vielleicht auch ein besonders schönes Schwein. Sei froh, dass du als Vegetarier zur Welt kamst. Ich sehe es, dass du froh bist darüber, während der fette Halm unter deiner Nase immer kürzer wird. Die Ohren hast du hoch aufgestellt. Ja, ich rede immer noch, Kaninchen. Aber es sind Isolierfenster zwischen uns.

Trotzdem will ich dir etwas sagen (gleich sind die Kartoffeln fertig): Ich meine, du hast Recht. Die Sonne scheint dir durch das Käfiggitter auf deine weiche, runde Nase. Behaglich ziehst du den Rücken zum Buckel zusammen und klappst die Ohren zurück.

Wir werden jetzt auch essen, Kaninchen. Nachher bin ich wieder da, bei meinem Abwasch. Und erschrick nicht, wenn ich morgen früh die Jalousie hochziehe. Ich freue mich auf dich. Und morgen ist Montag, nicht wahr? Kein Tag für Kaninchenbraten. Also morgen wirst du noch da sein. Und ich auch.

Manfred Hausmann

Martin und die Spinne

„Leise! Bitte, leise!“, sagt die Mutter, wie der Vater die Haustür aufschließt. „Dass die Kinder nicht aufwachen!“

Es geht schon auf drei Uhr morgens. Sie kommen von einem kleinen Künstlerfest und freuen sich aufs Bett.

„Wenn du ganz schrecklich nett sein willst, ziehst du die Schuhe gleich in der Diele aus.“

Der Vater setzt sich friedfertig auf die unterste Treppenstufe und beginnt sein Schnürband aufzuknoten.

Da wird oben vorsichtig eine Tür geöffnet. Schritte tappen über den Gang. Viola erscheint in ihrem langen Nachthemd auf der Treppe. Das offene Haar hängt über ihre Schulter und über ihre Brust, die Augen blinzeln ins Licht, sie sieht aus wie ein Engel, der sich auf die Erde verirrt hat.

„Na, Viola, schläfst du denn noch nicht?“

„Ich habe euch gehört und da bin ich ... Es ist nämlich etwas passiert.“

„Was denn? Mit Martin etwas?“

„Ja ... nein. Ihr braucht keinen Schrecken zu kriegen. Also das Glas in der Badezimmertür ist kaputt."

„Und Martin?"

„Martin ist mit seinem Ellbogen hineingefallen. Aber er hat sich nichts getan. Wirklich nicht. Nur eben die Scheibe ist leider kaputt. Also es ging so zu ..."

„Komm, mein Mädchen", sagt die Mutter, „hier erkältest du dich nur. Wir gehen in dein Zimmer, und du legst dich ins Bett, und dann kannst du uns alles in Ruhe erzählen."

Wie Viola die Decke über sich gezogen hat, berichtet sie flüsternd, nach dem Abendessen habe sie mit Martin noch ein bisschen „Königssohn" gespielt. „Das spielen wir manchmal, wenn Martin schon nackicht ist. Dann setzt er sich eine Papierkrone auf, zieht meine Hausschuhe an und hängt sich das Badetuch um, das über der Brust zusammengeknotet wird. Ich muss dann hinter ihm hergehen und die Schleppe von seinem Königsmantel tragen. So wandern wir im Hause herum und singen. Und das haben wir vorhin auch gemacht. Mit einem Male saß hier in meinem Zimmer, gerade über dem Bett, als wir da vorbeikamen, eine ganz furchtbare Spinne, so eine große, mit schwarzen Haaren. Oh, sie hat uns so böse angesehen. Da sind wir schnell nach unten gegangen und haben Christoph und Görge geholt. Und Christoph hat die Spinne in einem Schuhkarton gefangen. Und dann sollte ich sie auf den Balkon bringen und ausschütten. Und das wollte ich auch. Aber als ich an Görge vorbeiging, hat er an den Kasten gestoßen, mit Absicht, dass der Deckel herunterfiel. Und da kam die Spinne ganz schnell heraus und wollte mich beißen. Und da habe ich geschrien und den Kasten auf den Fußboden geschmissen und bin weggerannt. Alle haben geschrien und sind weggerannt. Christoph und Görge auch, und Martin natürlich am allermeisten. Und da ist er über seine Königssohnschleppe gestolpert und mit den Ellbogen in die Badezimmertür gefallen. Aber es hat nicht einmal geblutet. Und die Spinne sah soo furchtbar aus! O Mutti, du kannst dir nicht vorstellen, wie furchtbar sie aussah! Sie war so groß wie eine Zwetsche."

„Du bist selbst eine kleine Zwetsche", sagt der Vater lächelnd. „Ich will dir morgen einmal zeigen, was für interessante Tiere die Spinnen sind. Morgen ist ja Sonntag. Hast du schon einmal ..."

Aber die Mutter unterbricht ihn: „Schluss, Schluss, Schluss! Viola muss schleunigst schlafen. Also gute Nacht, Viola! Und die Scheibe wird ja auch noch zu ersetzen sein."

Am nächsten Morgen versammelt der Vater nach dem Frühstück die Kinder um sich und versucht ihnen zu erklären, dass manches Ding und manches Tier, das auf den ersten Blick hässlich aussehe, beim genaueren Betrachten die seltsamsten und erstaunlichsten Schönheiten aufweisen könne. „Die Spinnen", sagt er, „gehören auch dazu. Gewiss, wenn einem so eine große Spinne über die Hand oder gar übers Gesicht kriecht, dann schaudert man unwillkürlich zusammen. Aber ..."

„Grässlich ist das!", ruft Viola und schüttelt sich.

Und Martin bekräftigt es: „Gaaanz furchtbar grässlich!"

„Ja, nun gebt aber einmal Acht! Ich habe neulich einen Film gesehen, in dem gezeigt wurde, in vergrößerten Aufnahmen, wie die Spinnen zum Beispiel ihre Nester bauen, wie sie ihre Netze weben, wie sie den Faden aus ihren Drüsen spinnen, wie sie ihn von einem Ast zum andern ziehen, wie sie ... Habt ihr euch eigentlich schon einmal überlegt, auf welche Weise die Spinnen es zustande bringen, den Faden, an dem das Netz hängt, über eine Entfernung von vier und fünf Metern zu spannen? Im Walde sieht man so etwas ja oft. Unten auf dem Boden wächst

Gebüsch. Sie können also nicht mit dem Faden über den Waldboden bis zum nächsten Baum gewandert sein. Und fliegen können sie ja auch nicht. Wie haben sie es nun gemacht? Wie haben sie den Faden von einem Baum zum andern gezogen, fünf Meter durch die freie Luft?"

„Das ist ja merkwürdig", sagt Görge.

„Ach, da gibt es noch viel Merkwürdigeres."

„Zähl mal weiter!", ruft Martin und klettert auf den Schoß des Vaters. „Wie machen sie den Faden durch die Luft?"

Christoph meint, er habe einmal eine ganz kleine Spinne gesehen, die sei auf so einem zarten Faden an seinem Fenster vorbeigeflogen. „Weißt doch, auf so einem Altweibersommerfaden."

Es wird ein langes Gespräch über die Spinnen. Sie kommen vom Hundertsten ins Tausendste. Der Vater holt Zeitschriften und Bücher herbei und liest ihnen das eine und andere vor, er kann sogar Gedichte über Spinnen aufsagen. Und allmählich verwandelt sich die Abneigung der Kinder in ein Interesse, das Interesse vertieft sich zur Teilnahme, ja zum Wohlwollen. Schließlich gehen sie wahrhaftig auf die Suche nach einer Spinne, um an ihr die Seltsamkeiten, die sie soeben erfahren haben, nachzuprüfen. Sie können es überhaupt nicht mehr verstehen, dass sie sich gestern Abend beim Anblick einer Spinne so angestellt haben.

Da steckt die Mutter den Kopf zur Tür herein: „Kinder, wie sieht das oben auf dem Gang aus! Görge, trag die Schuhe in den Schrank! Christoph kann die Glassplitter zusammenfegen und den Läufer absaugen. Violas Pantoffeln liegen da auch noch herum. Und wem gehört der Schuhkarton?"

„Der is meiner", sagt Martin.

„Dann bring ihn in dein Zimmer."

Mit Gesinge und Geschubse rumpeln die Kinder nach oben. Gleich darauf ertönt ein schrecklicher, schrill ansteigender, langer Schrei, in den sich andere Schreie mischen. Viola rast die Treppe hinunter, stürzt schreiend ins Wohnzimmer und schlägt die Tür hinter sich zu. Martin reißt sie wieder auf, dreht sich blitzschnell hinein, drückt sie zu und wischt, schreiend und mit den Füßen strampelnd, wie ein Besessener über seine Brust und seinen Bauch. Man hört, dass Christoph und Görge oben die Tür zu ihrem Schlafzimmer ebenfalls zuschlagen und sich einschließen.

„Kinder noch mal!", ruft die Mutter. „Was ist denn los? Nun seid doch erst einmal ruhig!"

Der Vater hebt Martin auf und hält seine Hände fest: „Warum hast du denn so geschrien?"

„Uguttegutt", sagt Martin, „als ich den Kasten aufheben wollte, da saß die grässliche Spinne von gestern Abend mit einem Male noch unten dran und is auf meiner Hand gelaufen."

Die Natur hat Vollkommenheiten,
um zu zeigen, dass sie das Abbild Gottes ist,
und Mängel, um zu zeigen,
dass sie nur das Abbild ist.
Blaise Pascal

Christian Ryke

Wem Gott will rechte Gunst erweisen

Das Pferd, das Vater vor allen anderen bevorzugte, war „das Pferd der armen Leute" oder „Schusters Rappen", womit er die Schuhsohlen meinte. Auf ihnen trabte er selbst so manchen Weg zu seinen Kranken und Sterbenden, auf ihnen wanderten wir unter seiner Führung durch Felder und Wälder. Wandern war Vaters Leidenschaft, und jedes Jahr in den Sommerferien machten wir eine große Wanderung.

Schon am Abend zuvor wurden die Rucksäcke gepackt, Brote geschmiert und Flaschen mit Zitronensaft gefüllt. Harte Eier wurden gekocht, eine dicke Wurst aus der Räucherkammer geholt, und ehe die Sonne aus der Nacht emporstieg, standen wir gestiefelt und gespornt vor dem Rosenhaus angetreten, jeder das blitzende Blasinstrument in der Hand. Ein schmetterndes Morgenlied gab der Mutter das „Valet" und trieb den letzten Schlaf aus den Augen. Dann hieß es: Ohne Tritt marsch! Und hinaus zogen wir in den kühlen, schimmernden Morgen. Außerhalb des Dorfes wurden die Hörner auf den Rücken geschwungen, die Daumen in die Tragriemen der Rucksäcke gestemmt, und fort ging es in die weite, weite Welt.

Wer kennt nicht Joseph von Eichendorffs herrliches Buch „Aus dem Leben eines Taugenichts"? Nun, so wie der Taugenichts sangen auch wir:

„Wem Gott will rechte Gunst erweisen,
den schickt er in die weite Welt,
dem will er seine Wunder weisen
in Berg und Tal und Strom und Feld!"

Die grünen Halme wiegten sich zu unserer Seite, die Lindenbäume am Straßenrand dufteten betäubend süß, ein Bussard kreiste am hohen Himmel, und aus dem silbernen Morgennebel stieg purpurn die funkelnde Sonne. Das blitzte und sprühte von Gras und Halm, das jauchzte und tirilierte in Busch und Hag. Der Kuckuck rief vom nahen Wald. Rebhühner schwirrten übers Feld, und die Schwalben warfen sich wie blaue Blitze in den rosigen Himmelsdom. O ihr Langschläfer, wisst ihr, was ihr versäumt? Aber wir wollen euch schon wecken! Dort ist das Dorf, wo unser Nachbarpfarrer mit seinen lieblichen Töchtern wohnt. Die grünen Fensterläden sind noch geschlossen, die Linde vorm Haus rauscht geheimnisvoll im Morgenwind. Da schmettern unsere Hörner: „Geh aus, mein Herz, und suche Freud in dieser lieben Sommerzeit an deines Gottes Gaben; schau an der schönen Gärten Zier und siehe, wie sie mir und dir sich ausgeschmücket haben."

Das Gesicht des würdigen Pfarrherrn, geziert von einer mächtigen Narbe quer über die Stirn, erscheint lächelnd am Fenster. Drei rotblonde Mädchenköpfe schauen kichernd über seine Schulter. Man winkt uns, ins Haus zu kommen. Aber wir können nicht rasten. Um sieben Uhr fährt unser Züglein von der kleinen Bahnstation, sechs Kilometer von unserem Dorf entfernt, und wir müssen heut noch weit fahren. Denn Vater hielt es bei unseren Wanderungen stets so, dass wir zuerst möglichst weit mit der Bahn fuhren und dann den Heimweg zu Fuß zurücklegten, da, wie er sagte, Pferde lieber in den Stall laufen als aus dem Stall.

Schon die Bahnfahrt war angesichts der Kinderschar ein Mordsspaß. „Ach", blinzelte der Fahrkartenverkäufer, „wenn ich Sie nicht kennen würde, Herr Pfarrer, so hätte ich gedacht, eine Schulklasse ginge auf Fahrt!" – „Na, dann geben Sie mir mal das Formular für eine Schülerreise, da kostet's nur die Hälfte", erwiderte Vater schlagfertig.

„Nehmen Sie eine Gesellschaftskarte", lachte der Mann, „dann haben Sie's ebenso billig! Und passen Sie auf, dass mir die Bande keine Weiche verstellt. Das letzte Mal ist fast ein Zug entgleist!" Vater lachte vergnügt. Wenn wir reisten, war manches erlaubt, was zu Hause geahndet wurde.

Jetzt stiegen wir mit großem Getöse und Gelächter in das schnaufende Bähnlein. Einer hatte bestimmt seinen Rucksack auf dem Bahnsteig stehen lassen, und der Zugführer hatte seine liebe Not, bis alles in Ordnung war. Dann ging es los mit gewaltigen Dampfwolken und einem erstklassigen Pfeifkonzert, um die auf den Schienen respektlos gackernden Hühner des Herrn Bahnhofsvorstehers zu vertreiben.

Wir füllten bequem ein Abteil vierter Klasse oder, wie man heute vornehmer sagt, „für Reisende mit Traglasten". Vater setzte sich unter die Notbremse, um deren missbräuchliche Benutzung zu verhindern. Jeder sicherte sich nach Möglichkeit einen Fensterplatz, und nach kurzer Zeit wurden bereits die ersten hartgesottenen Eier mit größtem Appetit verspeist.

Bei einer solchen Fahrt fiel uns eine alte, würdige Dame auf, die uns mit sichtlichem Interesse musterte. Sie kam mit Vater ins Gespräch und erfuhr zu ihrem Erstaunen, dass es sich bei den vielen Kindern nicht, wie sie vermutet hatte, um die Insassen eines Internats oder Kinderheims handelte, sondern um Glieder einer Familie. „Herr Pfarrer, Herr Pfarrer", schlug sie ein ums andere Mal die Hände zusammen, „wie kriegen Sie die bloß alle satt? Und die vielen Hosen, Strümpfe und Schuhe? Nein, es ist nicht zu glauben." Dann versank sie in tiefes Sinnen, und ich habe sie im Verdacht, dass sie an dem Weihnachtswunder, von dem ich später berichten werde, nicht unbeteiligt war.

Am Ziel der Fahrt angelangt, wurde mit viel Lärm ausgestiegen, die Rucksäcke geschultert, die Hörner umgehängt und die eigentliche Wanderung begonnen.

O ihr Seen meiner Heimat! Ihr „Augen Gottes“, wie der Dichter Brunold euch nannte. Wieviel Stunden ungestillten Glücks habt ihr unserem Vater, der heimlich Verse schrieb, und uns Kindern bereitet. Stunden um Stunden wanderten wir unter grünenden Buchen, silbernen Birken und rauschenden Kiefern an euern Ufern entlang. Und immer wieder, wenn wir glaubten, hier sei das blaue Wasser eines Sees zu Ende, so öffnete ein neuer See sein schimmerndes Gestade. Weithin grüßten rote Dächer und spitze Kirchtürme. Glockenklang erfüllte die Luft, weiße Segel glitten über die azurne Flut. Es war ergreifend schön.

Mittags wurde gerastet an irgendeinem besonders schönen Fleckchen Erde. Warm leuchtete die Sonne auf den braunen Kiefernstämmen, und wir warfen die Kleider ab und tollten und jauchzten im Wasser. Dazwischen wurde herzhaft den Herrlichkeiten zugesprochen, die uns Mutters Fürsorge in die Rucksäcke verstaut hatte: Eier, Schinken, Wurst, dazu Zitronensaft, den wir mit Zucker und klarem Quellwasser mischten. Ja, es war eine Lust zu leben!

Aber wenn der Marsch dann weiterging über sandige Wege und durch endlose Wälder, dann seufzte doch so mancher von uns und schaute sehnsüchtig nach dem sich neigenden Goldgestirn, das ein baldiges Ende unserer heutigen Tagesreise versprach.

Kehrten wir dann hungrig und durstig im gastlichen Hause eines Amtsbruders von Vater ein, so gab es gewaltiges Aufsehen. Kinder, Hühner und Gänse liefen zusammen, wenn wir uns vor dem Pfarrhaus postierten und mit kräftigem Choral den Eingang erbliesen. Der armen Pfarrfrau machte weniger unsere Verpflegung, die wir ja bei uns hatten, als die Übernachtungsfrage Sorge. Doch wenn wir Jungens erklärten, dass auf dem Heuboden schlafen unsere Leidenschaft sei, wurden wir gnädig aufgenommen, die Mädchen im Fremdenzimmer etabliert und die Invasion mit Fassung und Humor ertragen. Gaben wir dann noch unter der Dorflinde ein schönes Abendkonzert mit Hörnerklang und Gesang, bei dem das ganze Dorf zuhörte, so waren wir hochwillkommen, und mancher Ruf, recht bald wiederzukommen, folgte uns, wenn wir am anderen Morgen mit „Muss i denn, muss i denn“ zum Dorf hinausmarschierten.

So zogen wir tagelang durch die großen Wälder unserer Heimat, sammelten Pfifferlinge und Waldbeeren, brieten Fische über glühender Holzkohle und wurden braun wie die Bantuneger.

In diesen Tagen ruhte sogar der sonst auch in den Ferien fortgesetzte Unterricht, den Vater uns als Vorbereitung auf die höhere Schule erteilte. Vater war der geborene Lehrer, er stammte ja auch aus einer Lehrersfamilie und war nicht glücklich, wenn er uns nicht etwas beibringen konnte. Wie manches Mal haben wir gemurrt, wenn wir selbst in den Ferien unsere tägliche Lektion lernen mussten. Waren wir doch so froh, einmal nichts von dem schrecklichen Latein und Griechisch zu hören. Erst viel später ist uns aufgegangen, welch unendliche Schönheit gerade diese beiden Ursprachen des Abendlandes enthielten. Aber damals war es die Grammatik, die uns plagte. Möchten Sie gern an einem geheimnisvollen Waldsee nach den „unregelmäßigen Verben“ gefragt werden? „Zum Kuckuck“, würden Sie sagen, „mit diesem Krimskrams!“

Aber Gott sei Dank waren es ja nicht nur die unregelmäßigen Verben, die Vater von uns wissen wollte, wenn wir's uns am wenigsten versahen. Er führte uns ebenso an einen winzigen Trichter im weißen Sand einer Düne und behauptete, hier säße ein schreckliches Untier drin und harrte seines Opfers. Wenn wir uns dann um den Trichter auf den Bauch legten, ließ Vater eine Ameise hineinfallen. Und schon wurde es drinnen lebendig, und der Ameisenlöwe versuchte, des Opfers Herr zu werden. Nun, es wurde gerettet, unversehrt, und krabbelte eifrig davon. Wir aber hatten wieder ein geheimnisvolles Stücklein aus Gottes großer Natur kennen gelernt. Und gerade das wollte Vater.

Aus Psalm 104

Freude über Gottes Schöpfung

Ich will den Herrn von ganzem Herzen loben.
Herr, mein Gott, wie groß bist du!
Du lässt Quellen sprudeln
und als Bäche in die Täler fließen,
zwischen den Bergen finden sie ihren Weg.
Die Tiere der Steppe trinken davon,
Wildesel stillen ihren Durst.
An ihren Ufern nisten die Vögel,
in dichtem Laub singen sie ihre Lieder.

Vom Himmel lässt du Regen
auf die Berge niedergehen,
die Erde saugt ihn auf und wird fruchtbar.
Du lässt Gras für das Vieh wachsen
und Pflanzen, die der Mensch anbaut.
Er pflügt das Land, sät und erntet;
so hat er Wein, der ihn erfreut,
Öl, das seinen Körper pflegt,
und Brot, das ihn stärkt.

Du, Herr, hast die riesigen Zedern
auf dem Libanongebirge gepflanzt
und gibst ihnen genügend Regen.
In ihren Zweigen bauen die Vögel ihre Nester,
und Störche haben in den Zypressen ihren Brutplatz.
In den hohen Bergen hat der Steinbock sein Revier,
und das Murmeltier findet in den Felsen Zuflucht.

Du hast den Mond gemacht,
um die Monate zu bestimmen,
und die Sonne weiß, wann sie untergehen soll.
O Herr, welch unermessliche Vielfalt
zeigen deine Werke!
Sie alle sind Zeugen deiner Weisheit,
die ganze Erde ist voll von deinen Geschöpfen.
Die Macht und Hoheit des Herrn
möge für immer bleiben!
Er freue sich an dem, was er geschaffen hat.

Ingeborg Reinhold

Freude wartet überall

Was für ein herrlicher Herbsttag ist das heute! Nur gut, dass mich meine Einkaufsliste in der Mittagspause vom Schreibtisch gelockt hat. Auf dem kurzen Weg zum Bäcker durchquere ich einen kleinen Park. Überall auf den Wegen häufen sich die herabgefallenen Blätter. Es raschelt beim Durchlaufen und riecht wunderbar nach Herbst.

Ich muss daran denken, wie ich mich als kleines Mädchen immer über das raschelnde Laub gefreut habe. Welch ein Spaß war es, die herb nach Sonne und Erde duftenden Blätterberge schlurfend vor sich herzuschieben oder vergnügt hoch aufzuwirbeln. Schade, diese Zeit ist vorbei!

Moment mal – wieso eigentlich? Wer sagt, dass eine Frau mittleren Alters nicht mehr im Laub rascheln darf?

Ich pfeife auf meine hochglanzpolierten Schuhe (die kann man wieder putzen) und die helle Hose (ich habe schließlich eine Waschmaschine), vergesse mein damenhaft-elegantes Schreiten und stapfe einfach los. Hinein geht's in die größten Laubberge, und munter wird geraschelt.

Zwei Mädchen überholen mich, ihr vernichtender Blick spricht Bände. Nun erst recht!

Ein altes Ehepaar kommt mir entgegen, er schmunzelt, sie lacht freundlich. Na prima, da sind wir ja schon drei, die sich freuen.

Ich denke, Freude sucht jeder Mensch, und mancher wartet vielleicht vergeblich auf sie, weil er immer nach etwas Großem, Einmaligem Ausschau hält.

Dabei wartet die Freude in tausend kleinen Dingen überall, man muss sie nur sehen wollen: Da lacht mich ein Kind an, dort leuchtet ein knallroter Geranientopf von einem Fensterbrett, hier schenkt mir jemand ein Stück seiner Zeit, im Radio spielt man eins meiner Lieblingslieder, am Weg liegt buntes Herbstlaub zum Rascheln ...

Danke, Gott, für alle Freude, die du schenkst. Danke, dass du mir Augen geschenkt hast, um auch kleine Freuden zu sehen!

Laura Reedijk

Doppelter Segen

Als junges Mädchen – ich war vierzehn – passierte mir einmal etwas ganz Besonderes. Es war in Amsterdam, und ich befand mich auf dem Weg von der Schule nach Hause. Ein alter Herr bat mich, ihm beim Überqueren der Straße behilflich zu sein. Wir gingen gemeinsam über die Kreuzung Weteringschans, und ich begleitete ihn noch ein Stück weiter, wobei wir ins Gespräch kamen und uns so darin vertieften, dass wir auf einmal da waren, wo er hin musste: am Spui*, wo die blaue Straßenbahn nach Haarlem abfährt.

Beiläufig hatte er erzählt, dass er in der „Pijp“ wohne und seine Tochter in Haarlem besuchen wolle. Er hatte auch über seine Religion mit mir gesprochen, und bevor er jetzt die Stufen der Tram erklomm, sagte er feierlich:

„Der HERR segne und behüte dich;
er lasse sein Angesicht leuchten über dir
und sei dir gnädig.
Der HERR hebe sein Angesicht zu dir
und schenke dir den Frieden.“

Ich habe diesen Segen immer als etwas Kostbares in mir getragen. In schweren Zeiten war er mir ein Halt.

Ohne es zu ahnen, hatte ich einen Engel begleitet, und ein Engel war an meiner Seite gewesen und hatte mich gesegnet – ohne es zu wissen auch er. Und der Segen ist mir ein zweites Mal zuteil geworden:

* Wichtiger Verkehrsknotenpunkt vor dem Hauptbahnhof in Amsterdam

Eine großwüchsige alte Ungarin kam mich besuchen, als ich zwei Babys auf einmal bekam. Sie war eine Patientin meines Mannes, konnte sich kaum in unserer Landessprache verständigen. Sie geriet in helle Begeisterung über meine Zwillinge und sang auch eine Lobeshymne auf meinen Mann, und beides klang wie Äolsharfen in meinen Ohren.

Schwer auf ihren Stock gestützt ging sie zur Bushaltestelle zurück; ich begleitete diesen Engel, der sich so mühsam fortbewegte und so große Schmerzen dabei litt, der sich aber fest entschlossen in den Omnibus gehievt hatte, um die wunderbaren Zwillinge von „Le docteur Rädijk" anzuschauen.

An der Haltestelle segnete sie mich und berührte dabei meine Stirn. Auch ihren Segen trage ich wie einen kostbaren Schatz in meinem Herzen.

Kleine Schönheiten drängen sich nicht auf:
Sie wollen entdeckt werden.
O. Goldmann

Hanna Ahrens

Der untere Rand der Sonne

Der Tag war so turbulent heute; ich bin ganz erschöpft. So gehe ich noch einmal aus dem Haus und mache einen Weg über die Felder. Sie sind weit und grün; darüber schwere graue Wolken. Dann kommt ein Wind auf. Die Wolken ziehen über mich hinweg und geben am Horizont ein Stück Himmel frei. Der untere Rand der Sonne, tiefrot, wird sichtbar.

Immer höher ziehen die Wolken, nun ist die Sonne ganz da. Ein großer, roter Ball, der fast blendet.

Alles ist in dieses Licht getaucht. Das Violett der Vogelwicke an der Hecke beginnt zu leuchten: blau-violett, hell, rosa ...

Welch eine Verschwendung an Farben! Dabei ist es nur ein Unkraut, das man herausreißt, weil es alles überwuchert.

„Herr, wie herrlich hast du alles gemacht!
Diesen Himmel und diese Erde,
sogar dies Unkraut – wie schön es ist!
Dich selbst kann ich nicht sehen,
aber ein Stück deiner Herrlichkeit:
diese große, rote Sonne!
Sie ist wie ein Zeichen deiner Gegenwart.
Herr, ich danke dir,
dass ich so vor dir, in deiner Nähe sein darf."

Ganz langsam gehe ich, um dieses Glück dauern zu lassen. Aber dann schiebt sich eine Wolke vor die Sonne, und alles ist wieder grau. Der Wind wird kühler. Die Nacht kommt.

Aber, dass es diesen Augenblick und dieses Licht gab – wie eine Tür zum Himmel.

Ich bin hineingegangen und war zu Hause.
Ruhe und Frieden, die den Tag glätten.

„Wie soll ich dir danken, Herr?
Ich könnte nicht einmal so etwas Geringes machen
wie dieses Unkraut – so vollkommen schön.
Aber ich könnte – solange ich lebe – sagen,
wie herrlich du alles gemacht hast,
wie wunderbar du tröstest
und wie du dich selbst schenkst –.
Wenn du es zulässt und mir Worte gibst, Herr,
könnte ich es vielleicht."

Quellenangaben

Antoine de Saint-Exupéry, Der Kleine Prinz,
© 1950 und 1998 Karl Rauch Verlag Düsseldorf

Jutta Schwarz, Mein Freund, der Baum. Originalbeitrag

Axel Hambraeus, Der geheimnisvolle Briefschreiber.
© Gunnar Hambraeus

Lindolfo Weingärtner, Vater Aleksej, aus: Lindolfo Weingärtner, Das Lied der Amsel und andere Erzählungen.
© Brunnen Verlag Gießen

Julie Schlosser, Kervins Schwalben, aus: Weit auf schwang die Tür; Luther Verlag 1954 (vergriffen)

Rudolf Otto Wiemer, An der Tankstelle, aus:
Rudolf Otto Wiemer, Die Reise mit dem Großvater und andere Geschichten, Gütersloher Verlagshaus.
© Rudolf Otto Wiemer Erben, Hildesheim

Ursula Koch, Sonntägliche Rede an ein Kaninchen.
Originalbeitrag

Manfred Hausmann, Martin und die Spinne, aus:
Manfred Hausmann, Martin, Isabel, Andreas. Geschichten um eine Familie. © C. Bertelsmann Verlag München

Christian Ryke, Wem Gott will rechte Gunst erweisen,
aus: Christian Ryke, Wie die Orgelpfeifen.
© Brunnen Verlag Gießen

Psalm 104 aus: Hoffnung für alle. Die Bibel.
© 1996 by International Bible Society. Übersetzung:
Brunnen Verlag Basel und Gießen

Ingeborg Reinhold, Freude wartet überall, aus: Ingeborg Reinhold, Danke für jeden neuen Tag. © Brunnen Verlag Gießen

Laura Reedijk, Doppelter Segen, aus: Laura Reedijk,
Momente des Glücks, Salzer Verlag (vergriffen)

Hanna Ahrens, Der untere Rand der Sonne, aus: Hanna Ahrens, Feste, die vom Himmel fallen. © Brunnen Verlag Gießen

Das Zitat von Christian Morgenstern (Seite 2) stammt aus:
Gesammelte Werke: Aphorismen und Tagebuchnotizen